最新法律文件解读丛书

刑事法律文件解读

总第172辑(2019.10)

最新法律文件解读丛书编选组　编

人民法院出版社

图书在版编目(CIP)数据

刑事法律文件解读. 总第172辑 / 最新法律文件解读丛书编选组编. --北京:人民法院出版社,2019.12
(最新法律文件解读丛书)
ISBN 978-7-5109-2687-7

Ⅰ.①刑… Ⅱ.①最… Ⅲ.①刑法-法律解释-中国 ②刑事诉讼法-法律解释-中国 Ⅳ.①D924.05 ②D925.205

中国版本图书馆CIP数据核字(2019)第255034号

刑事法律文件解读. 总第172辑
最新法律文件解读丛书编选组 编

责任编辑 姜 峤
出版发行 人民法院出版社
地　　址 北京市东城区东交民巷27号 邮编 100745
电　　话 (010)67550573(责任编辑) 67550558(发行部查询)
65223677(读者服务部)
客服QQ 2092078039
网　　址 http://www.courtbook.com.cn
E-mail courtbook@sina.com
印　　刷 三河市国英印务有限公司
经　　销 新华书店
开　　本 787毫米×1092毫米 1/16
字　　数 140千字
印　　张 8
版　　次 2019年12月第1版 2019年12月第1次印刷
书　　号 ISBN 978-7-5109-2687-7
定　　价 22.00元

卷首语

为认真贯彻落实中央开展扫黑除恶专项斗争的部署要求，依法严惩恶势力和“套路贷”违法犯罪，在全国扫黑办的统筹协调下，最高人民法院会同最高人民检察院、公安部、司法部于2019年4月9日联合制定印发了《关于办理恶势力刑事案件若干问题的意见》《关于办理“套路贷”刑事案件若干问题的意见》，我们邀请最高人民法院相关起草者，就上述两个意见的制定背景和主要内容进行了深入解读，重点对《关于办理恶势力刑事案件若干问题的意见》中恶势力与恶势力犯罪集团的认定标准、恶势力危害后果的认定、正确运用宽严相济刑事政策的有关要求以及《关于办理“套路贷”刑事案件若干问题的意见》中“套路贷”与民间借贷的区别、“套路贷”常见的犯罪手法和步骤、“套路贷”定罪问题、“套路贷”犯罪集团和涉“套路贷”黑恶势力的认定等问题进行了详细阐释，便于广大读者学习适用。

《最新法律文件解读》丛书

编　辑　部

范春雪　（010）67550525

姜　峤　（010）67550573

丁丽娜　（010）67550608

张　奎　（010）67550673

路建华　（010）67550660

执行编辑　姜　峤

邮　　箱　bj85250573@126.com

目　录

【特载】

【司法解释、司法指导性文件与解读】

［特载］

最高人民检察院

发布检察机关开展扫黑除恶专项斗争典型案例选编（第三辑）

（2019 年 7 月 18 日）

1. 张某甲等 14 人组织、领导、参加黑社会性质组织案

——充分发挥诉前引导作用，准确认定黑社会性质组织犯罪

【要旨】

检察机关要注重串并研判，深挖涉黑线索，充分发挥诉前引导作用，提前介入侦查，积极引导取证，全面审核证据，整体把握个案之间的内在关联，深挖幕后主犯，准确认定黑社会性质组织犯罪。

【基本案情】

2005 年，被告人张某甲刑满释放后，与被告人张某乙、张某丙等人（三人为兄弟）在湖北省洪湖市××镇开设赌场、放高利贷聚敛钱财。至 2014 年左右，被告人张某甲开始进入并逐渐控制长江××水域非法采砂行业，向采砂船收取“保护费”。为持续牟取非法利益，张某甲先后网罗了被告人李某某等人，实施了一系列的违法犯罪活动，逐步形成了以张某甲为组织者、领导者，张某乙、张某丙、李某某、蔡某甲为骨干成员，胡某某、彭某某等人为一般参

加者的黑社会性质组织。2012 年 8 月至 2016 年 11 月期间，该犯罪组织为树立非法权威，为非作恶，欺压残害群众，有组织地实施了故意伤害、聚众斗殴、寻衅滋事、故意毁坏财物、非法拘禁等犯罪活动，造成 1 人死亡、2 人轻伤、多人轻微伤、多人财物受损。该犯罪组织通过实施违法犯罪活动，称霸一方，在××镇造成重大影响，并对长江××水域采砂行业形成了非法控制，严重破坏了上述地区的经济秩序和社会生活秩序，还对当地长江流域的河道、河堤和渔业资源等生态环境造成了一定程度的影响和破坏。

【诉讼过程】

2017 年 1 月 25 日，洪湖市人民检察院分别以涉嫌抢劫罪、强迫交易罪、聚众斗殴罪、非法拘禁罪，依法对张某甲（未到案）、张某乙等 11 人批准逮捕。洪湖市人民检察院通过实地走访，并根据被害人家属反映，初步认定该案与武汉市江岸区人民检察院正在办理的一起聚众斗殴致人死亡案（“1104”命案）存在关联，及时发出《逮捕案件继续侦查取证意见书》，引导调整下一步侦查方向，并建议公安机关向上级申请将“1104”命案指定到洪湖市公安局管辖。2017 年 3 月 21 日，湖北省公安厅商请长江航运公安局武汉分局将李某某等人涉嫌聚众斗殴案移交洪湖市公安局管辖侦办。同日，洪湖市公安局以犯罪嫌疑人张某乙等人涉嫌抢劫罪、寻衅滋事罪、非法拘禁罪、强迫交易罪向洪湖市人民检察院移送审查起诉。4 月 28 日，以犯罪嫌疑人李某某等人涉嫌聚众斗殴罪向洪湖市人民检察院移送审查起诉。

洪湖市人民检察院经审查，确认上述两起案件均与张某甲有关联，决定并案审查。同时，洪湖市公安局移送审查起诉时未认定张某乙等人涉嫌黑社会性质组织犯罪，犯罪嫌疑人张某甲尚未到案。检察机关审查认为，从已经查明的证据和整体上判断，张某甲犯罪团伙已经初步显示出具有黑社会性质组织的“四个特征”，但组织特征、经济特征的证据相对薄弱，建议公安机关加大对案件的取证力度。后张某甲被抓获到案。同时，洪湖市人民检察院建议将犯罪嫌疑人分所羁押，防止串供。公安机关根据该犯罪团伙成员各自作用及自身特点，制定了有针对性的审讯方案，最终证实了张某甲幕后操纵“1104”命案的犯罪事实。此后，洪湖市公安局将张某甲等人涉嫌组织、领导、参加黑社会性质组织罪移送洪湖市人民检察院审查起诉。因案情重大复杂，荆州市人民检察院加强对下指导，先后 12 次听取辩护律师意见，与公安机关共同梳理证据存在的问题。通过退回补充侦查和提出补充侦查意见，公安机关先后补充证据材料7卷190余份，特别是补强了证明“组织特征”“经济特征”的证据，查清了张某甲在幕后指使李某某等人实施一系列违法犯罪活动。

2018年6月28日，荆州市人民检察院以组织、领导、参加黑社会性质组织罪和故意伤害罪、聚众斗殴罪、寻衅滋事罪、故意毁坏财物罪、非法拘禁罪、强迫交易罪等依法对张某甲等14名被告人提起公诉。

经法庭审理，2019年3月27日，湖北省荆州市中级人民法院作出一审判决：被告人张某甲犯组织、领导黑社会性质组织罪、故意伤害罪、聚众斗殴罪、非法拘禁罪、寻衅滋事罪、故意毁坏财物罪，数罪并罚，决定执行死刑，缓期二年执行，剥夺政治权利终身，并处没收个人全部财产。其他被告人分别被判处三年至十三年有期徒刑，并处罚金或没收个人全部财产。

【指导意义】

该案系长江流域非法采砂涉黑命案典型案件，存在着“三多三难”，即涉案人数多、犯罪事实多、涉嫌罪名多、调查取证难、证据固定难、案件定性难等问题。在办理涉黑涉恶犯罪案件中，要充分运用检察机关上下级领导体制优势，加强与公安机关的配合协调，提升办案质效。一是多个个案可能会在不同地域管辖办理，检察机关要提前介入侦查，引导取证，仔细梳理每一份证据，寻找关联案件的连接点，及时建议将关联案件指定同一公安机关管辖。二是在审查起诉过程中，及时并案审查，坚持深挖彻查，通过补充侦查，强化涉黑组织犯罪的整体把握，从多个个案中提炼出黑社会性质组织犯罪“四个特征”，对黑社会性质组织犯罪整体评价。三是对定性分歧等问题主动加强与公安机关、司法行政机关的工作衔接与配合，充分听取辩护律师意见，做到证据及时补充完善，问题及时处理到位。

2. 成某某、黄某某等 14 人组织、领导、参加黑社会性质组织案

——坚持关联审查、深挖彻查，依法办理涉黑涉恶犯罪案件

【要旨】

检察机关要充分发挥诉前引导作用，坚持关联审查、深挖彻查，围绕黑社会性质组织犯罪“四个特征”，积极引导侦查取证，依法准确认定黑社会性质组织犯罪。

【基本案情】

2015 年 9 月，被告人成某某、黄某某、王某甲共同出资成立带“陪酒、陪唱妹”的厅子（供“陪酒、陪唱妹”等候的场所），通过向重庆市渝北区××街道及××工业园区的 KTV 歌厅、音乐茶座等娱乐场所，提供“陪酒、陪唱妹”有偿陪侍的方式牟取经济利益。为抢占“陪酒、陪唱妹”市场，成某某先后纠集被告人黄某某、王某甲、唐某某、李某某等十余名刑满释放人员、社会闲散人员，为扩张势力范围、树立非法权威，在重庆市渝北区××街道、××工业园区等地有组织地实施聚众斗殴、故意杀人、故意伤害、寻衅滋事、贩卖毒品、开设赌场等多起违法犯罪活动，逐步形成以被告人成某某为组织者、领导者，被告人黄某某、王某甲、唐某某为积极参加者，被告人李某某、洪某某、杨某甲、郭某某、费某某、曹某甲、杨某乙、陈某某、曹某乙、王某乙等人为一般参加者的黑社会性质组织。2015 年 9 月以来，该组织通过向 KTV 歌厅、音乐茶座等娱乐场所提供“陪酒、陪唱妹”的方式牟取经济利益达人民币 217 万余元，用于支持该组织的活动。2015 年 11 月至 2017 年 12 月期间，被告人成某某、黄某某等人通过有组织的实施聚众斗殴、故意伤害、寻衅滋事、贩卖毒品、开设赌场等 13 起违法犯罪行为，造成 1 人死亡、1 人重伤、3 人轻伤、5 人轻微伤的严重后果，在重庆市渝北区××街道、××工业园区等地形成了“敢打敢杀、动则刀枪、势力强大”的恶名，严重破坏了当

地经济、社会生活秩序。

【诉讼过程】

2018年8月15日，公安机关以犯罪嫌疑人成某某、黄某某、杨某乙3人涉嫌聚众斗殴罪、贩卖毒品罪、故意伤害罪移送审查起诉，并认定为恶势力犯罪。在本案之前，公安机关曾于2018年3月26日、7月11日，分两案向重庆市渝北区人民检察院移送审查起诉了曹某乙、曹某甲、郭某某、李某某、费某某、杨某甲等6人聚众斗殴案。重庆市人民检察院第一分院在审查成某某、黄某某、杨某乙3人聚众斗殴犯罪事实中发现三案存在关联，要求渝北区人民检察院将曹某乙等两案6人移送重庆市人民检察院第一分院与成某某案并案审查起诉。

检察官通过走访调查，结合已查明的犯罪，初步判断该案可能涉嫌有组织犯罪，因此，围绕是否存在有组织犯罪，先后通过一次退回补充侦查和在审查起诉期限内多次提出补充侦查意见的方式，向公安机关共计提出补充侦查意见320余条，高质效推进补侦工作。根据检察机关建议，公安机关成立专门办案组，配强办案力量，经过迅速高效工作，补充证据材料117册，查明新增有组织的遗漏犯罪事实8起、违法事实3起，查清了组织、领导、参加黑社会性质组织犯罪事实。2018年11月14日，公安机关补充移送审查起诉成某某、黄某某等9人涉嫌组织、领导、参加黑社会性质组织等犯罪，同时将唐某某、陈某某、洪某某等5人涉嫌参加黑社会性质组织等犯罪移送渝检一分院审查起诉。11月23日，渝检一分院以组织、领导、参加黑社会性质组织罪等对被告人成某某、黄某某、唐某某等人依法提起公诉。

经法庭审理，2019年1月17日，重庆市第一中级人民法院以被告人成某某犯组织、领导黑社会性质组织罪、故意杀人罪、聚众斗殴罪、故意伤害罪、寻衅滋事罪、贩卖毒品罪、开设赌场罪，判处死刑，缓期二年执行，剥夺政治权利终身，并处没收个人全部财产，并对被告人成某某限制减刑；以被告人黄某某犯参加黑社会性质组织罪、故意杀人罪、故意伤害罪、寻衅滋事罪，判处死刑，缓期二年执行，剥夺政治权利终身，并处罚金30万元，并对被告人黄某某限制减刑；对被告人王某甲、唐某某等12人按照各自所犯罪行，分别判处二年三个月至十七年有期徒刑。

【指导意义】

本案系经对多起存在关联的恶势力犯罪案件串并审查，在审查起诉期间积极引导侦查取证，依法认定为黑社会性质组织犯罪。一是从聚众斗殴等涉众型暴力案件中敏锐发现涉黑涉恶犯罪线索。检察机关在审查起诉3人3案涉恶犯罪案件过程中，敏锐意识到聚众斗殴等危害社会公共秩序犯罪中隐藏黑社会性质组织犯罪的可能性较大，遂从分析聚众斗殴等犯罪活动的起因、过程、人员纠集情况、社会危害程度、成员相互关系等方面着手，深挖细查、成功发现有组织犯罪线索，并建议公安机关扩线侦查，进而将多起分散案件并案侦查，逐步厘清了黑社会性质组织的基本轮廓。二是充分发挥自身职能，自行调查核实证据。检察机关在详细开列补证清单退回补充侦查的同时，注重主动作为，充分发挥自身职能，增强司法办案亲历性，通过自行复核关键证据、走访犯罪现场、讯问犯罪嫌疑人、听取被害人意见等方式，提升了认定证据的精准度，增强了案件证据体系的完整性。三是强化法律监督，准确适用法律。在办案过程中，检察机关充分发挥法律监督职能，协同公安机关补充大量证据材料，查清全案事实，补充移送多起遗漏犯罪事实、违法事实；立足在案证据与案件事实，对涉案的多名组织成员进行追捕追诉。同时，准确适用法律，严格把握普通刑事犯罪、恶势力犯罪和黑社会性质组织犯罪的界限，准确认定犯罪性质。

3. 彭美春等21人恶势力犯罪集团案

——准确追诉漏罪、漏犯，依法认定恶势力犯罪集团

【要旨】

检察机关对公安机关移送审查起诉的普通刑事犯罪案件，发现案件涉黑涉恶但未予认定的，应当通过退回补充侦查，明确侦查方向、补充收集证据，并充分运用自行补充侦查，查实黑恶势力组织结构、违法犯罪事实以及造成的社会影响，依法追诉漏罪漏犯。

【基本案情】

2011年以来，被告人彭美春纠集陈涛、谭义洪、肖体洪、林德彬等人，

通过实施寻衅滋事、聚众斗殴、故意伤害等违法犯罪行为，在当地逞强立威，扩大了非法影响，后为争夺水果收购生意，继续实施寻衅滋事、故意伤害等违法犯罪行为，逐步形成了以彭美春为首要分子，陈涛、谭义洪、肖体洪为重要成员，李勇、林德彬、郑海才等 17 人为组织成员的恶势力犯罪集团，横行乡里、欺压残害百姓，严重扰乱当地经济社会秩序，造成恶劣的社会影响。2011 年至 2017 年期间，该犯罪集团在屏山县锦屏镇、屏山镇、龙溪乡等地多次实施违法犯罪活动，其中故意伤害 1 起、聚众斗殴 1 起，寻衅滋事 5 起、开设赌场、寻衅滋事等违法事实 6 起，造成 1 人死亡、3 人轻伤、4 人轻微伤的严重后果。

【诉讼过程】

2017 年 9 月 26 日，四川省屏山县公安局以涉嫌故意伤害罪将彭美春、谭义洪、肖体洪等 8 名犯罪嫌疑人移送屏山县人民检察院审查起诉。2018 年 1 月 23 日，屏山县人民检察院将案件报送宜宾市人民检察院审查起诉。为全面准确查清案件事实，宜宾市人民检察院先后 8 次与公安机关会商研判案件性质和后续侦查方向。同时，指派业务骨干分工负责审阅卷宗、调阅涉案人员是否存在其他违法犯罪事实、与侦查人员复勘现场和走访当地开展调查工作。通过以上工作，将案件的事实和线索由最初确定的 1 个罪名 1 起犯罪事实扩展到 3 个罪名 13 起犯罪违法事实，初步认定构成恶势力犯罪集团。

2018 年 3 月 28 日，宜宾市人民检察院先以彭美春、肖体洪等 8 人涉嫌故意伤害罪，向宜宾市中级人民法院提起公诉。案件相关漏罪、漏犯仍在同步侦查过程中。同时，先后 3 次前往屏山县公安局协调参与补充侦查工作。2018 年 7 月 27 日，公安机关经认真细致的工作，依法查明彭美春涉嫌寻衅滋事、聚众斗殴等遗漏罪行和参与打架、赌博等多起违法事实，查明该犯罪集团漏犯陈涛、黄昌平等 13 人涉嫌寻衅滋事、聚众斗殴的犯罪行为，补充证据材料 20 册，将遗漏犯罪违法事实 12 起，13 名遗漏犯罪嫌疑人移送审查起诉。检察机关经依法审查认为，在案证据能够证实，自 2011 年开始，彭美春、陈涛、谭义洪等人经常纠集在一起，有组织地实施多起违法犯罪活动，彭美春在该组织中起着领导、指挥作用，陈涛、谭义洪、肖体洪为重要成员，李勇、林德彬、郑海才等 17 人为组织成员，犯罪组织结构清晰，在当地造成恶劣社会影响，已经构成恶势力犯罪集团。同时，鉴于该组织没有明确的层级和职责分工，未制定形成“组织纪律”和活动规约，没有足以支持该组织运行、发展以及实施违法犯罪活动的经济实力，也未在一定区域或行业内形成非法控制或者重大影响，检察机关未认定其为黑社会性质组织犯罪。2018年9月25日、10月26日，检察机关依法追加起诉遗漏被告人和违法犯罪事实，追加认定其为恶势力犯罪集团。

经法庭审理，宜宾市中级人民法院于2018年12月29日作出一审判决，被告人彭美春犯故意伤害罪、聚众斗殴罪、寻衅滋事罪，数罪并罚，决定执行无期徒刑，剥夺政治权利终身，并处罚金10万元；对谭义洪等其他20名被告人分别判处一年至十六年有期徒刑。2019年5月5日，该案由四川省高级人民法院二审维持原判。

【指导意义】

对涉案人数众多、且时间跨度大的犯罪案件，检察机关如果就案办案，没有坚持深挖彻查，极易导致对恶势力犯罪不能“打早打小”“打准打实”。检察机关审查该类案件时，要强化介入侦查引导取证意识，对移送审查起诉的聚众斗殴、寻衅滋事、非法拘禁、敲诈勒索等案件加强重点研判，对案件中反映出来违法犯罪事实、涉案人员、社会影响等情况进行综合分析、关联对比，认真梳理查找隐藏的恶势力违法犯罪线索，通过追诉漏罪、漏犯精准打击。审查中如发现有恶势力惯常实施的犯罪，要注重审查的亲历性，通过全面阅卷、讯问犯罪嫌疑人、听取被害人意见、走访涉案地区群众等方式，查明违法犯罪次数、手段、规模、人身损害结果、经济损失数额、违法所得数额、引起社会秩序混乱程度以及对人民群众安全感的影响程度等，对是否系恶势力犯罪作出准确认定。同时，要注重依法惩治犯罪，立足法律规定和犯罪事实，准确把握恶势力、恶势力犯罪集团与黑社会性质组织犯罪之间的界限。

本案中，以被告人彭美春为首的恶势力犯罪集团为逞强立威和争夺当地水果收购生意，欺行霸市、横行乡里，有组织地实施多起违法犯罪活动，严重危害当地人民群众的人身安全、财产安全，造成恶劣的社会影响。检察机关在审查起诉过程中，未局限于移送审查起诉案件事实，而是主动作为，通过退回补充侦查与自行补充侦查相结合，认真审查，严把案件质量关，依法追诉12起遗漏的违法犯罪事实和13名遗漏集团成员，并依法认定彭美春等人构成恶势力犯罪集团，对其从重处罚，实现了对恶势力犯罪的精准打击和不枉不纵。

4. 杨昊等25人恶势力犯罪集团案

——精准认定恶势力犯罪集团，依法适用认罪认罚从宽

【要旨】

对犯罪组织不够固定，临时雇佣特征明显，未在一定区域形成非法控制或造成重大影响的，依法不予认定为黑社会性质组织。涉黑涉恶案件被告人自愿如实供述自己的罪行，承认指控的犯罪事实，愿意接受处罚的，检察机关可以依法适用认罪认罚从宽制度。

【基本案情】

2013年8月至2017年12月期间，被告人杨昊为非法敛财，纠集被告人杜沅孙、刘力、沈康康等人从事非法放贷活动，在江苏省盐城市射阳县、镇江市京口区、丹徒区等地，实施寻衅滋事、聚众斗殴等违法犯罪活动10起，形成了以杨昊为首要分子，杜沅孙、刘力为重要成员，吴义平、沈康康、侯飞、臧袁坤、陈益敏等人为组织成员的恶势力犯罪集团。

2016年6月至2018年3月期间，被告人方亚东为非法敛财，纠集被告人张卫东、毛源、董香城等人从事非法放贷活动，并笼络了杨昊恶势力集团的杜沅孙、沈康康，在江苏省镇江市新区、京口区、丹徒区等地，实施聚众斗殴、寻衅滋事等违法犯罪活动6起，形成了以方亚东为首要分子，杜沅孙、张卫东为重要成员，毛源、沈康康、董香城等人为组织成员的恶势力犯罪集团。

2015年7月至2018年1月期间，被告人刘力、杜沅孙、沈康康等人在参与上述两个恶势力犯罪集团违法犯罪活动之外，还与被告人吴义平、陈益敏、臧袁坤、侯飞、卜言杰、贺进、经珂、曹冰朋、石天赐、孙志玉等人，时分时合，相互纠集，在江苏省镇江新区、京口区、丹徒区等地，实施寻衅滋事、非法拘禁、聚众斗殴等违法犯罪活动20起，形成了以刘力为纠集者的恶势力。

【诉讼过程】

2018年2月，江苏省镇江市公安局丹徒分局在对犯罪嫌疑人杜沅孙涉嫌寻衅滋事犯罪侦查中，发现违法犯罪线索60余条，抓获犯罪嫌疑人杨昊、方

亚东、刘力等20余人。2018年4月，该案被江苏省扫黑除恶专项斗争领导小组列入首批挂牌督办涉黑案件。镇江市检察院、丹徒区检察院组成办案组，提前介入侦查引导取证，与公安机关先后8次召开联席会议，重点协助梳理案件事实，逐一甄别判断案件线索。经共同审查，从60余条案件线索中筛选出36起违法犯罪事实。其中，杨昊组织实施的10起违法犯罪，公安机关认为涉嫌黑社会性质组织犯罪，杨昊是组织者、领导者，杜沅孙、刘力是骨干成员，吴义平、沈康康等人是积极参加者。对此，检察机关根据法律规定，认为构成黑社会性质组织犯罪的组织特征、经济特征和危害性特征的证据不足。最终，公安机关认可了检察机关对杨昊等人不构成黑社会性质组织犯罪的意见，进一步完善了25名犯罪嫌疑人实施的36起违法犯罪的相关证据，分别认定以杨昊、方亚东、刘力为首的3个犯罪组织构成恶势力犯罪集团，2018年8月向检察机关移送审查起诉。

因本案杜沅孙、刘力等多名被告人交叉作案，违法犯罪事实相互关联，综合考量诉讼效率和惩治效果，丹徒区人民检察院决定对3案并案审查。检察机关经审查认为，以杨昊、方亚东为首的犯罪组织分别构成恶势力犯罪集团，对成员之间结合松散、分工简单、参与人员有谁算谁、首要分子不明显的刘力等人恶势力犯罪集团不予认定，且对部分涉案人员不予认定为恶势力组织成员。2018年11月12日，检察机关将杨昊等人以2个恶势力犯罪集团和1个恶势力共同犯罪向法院提起公诉。

在法庭审理阶段，为贯彻修改后刑事诉讼法关于认罪认罚从宽制度的规定，检察机关依法向25名被告人告知认罪认罚权利和义务，详细阐释了认罪认罚从宽制度的具体规定。根据各被告人犯罪事实、量刑情节，在法定刑幅度内依法提出从宽量刑的建议。经庭审前逐一与被告人及其辩护人进行沟通，其中24名被告人表示认罪认罚。

2018年12月5日，镇江市丹徒区人民法院依法开庭审理该案。25名被告人均当庭表示认罪认罚，辩护人也不持异议。2018年12月26日，镇江市丹徒区人民法院依法作出一审判决，认定被告人杨昊组织、领导恶势力犯罪集团进行犯罪活动，是恶势力犯罪集团的首要分子，被告人杜沅孙、刘力、吴义平、沈康康、侯飞、臧袁坤、陈益敏等人是该犯罪集团的成员；被告人方亚东组织、领导恶势力犯罪集团，是恶势力犯罪集团的首要分子，被告人杜沅孙、张卫东、沈康康、毛源、董香城等人是该犯罪集团的成员；刘力、杜沅孙等人在上述犯罪集团之外实施的犯罪，构成恶势力共同犯罪。因25名被告人均能当庭认罪认罚，可以依法从宽处罚。对被告人杨昊、方亚东均以聚众斗殴罪、寻衅滋事罪，数罪并罚，决定执行有期徒刑五年；对杜沅孙等23名被告人分别判处拘役六个月至五年三个月有期徒刑。一审判决现已生效。

【指导意义】

涉恶犯罪案件具有涉案人员多、犯罪事实多、法律关系交织复杂、性质认定难度较大等显著特点。检察机关在办理该类案件中，应当坚持客观公正理念，依法准确认定。一方面，秉持“不人为拔高、不随意降低”办案原则。坚持司法公正，以事实为依据，以法律为准绳，尊重和保障人权，是检察机关的重要职责。在开展扫黑除恶专项斗争过程中，即使对挂牌督办案件，检察官也必须履行《检察官法》赋予的“忠实执行宪法和法律”的职责，坚持客观公正，“不拔高”“不凑数”“不随意降低”。要严格握法律政策界限，对不具备黑社会性质组织犯罪“四个特征”的，坚决不予认定。要准确把握恶势力犯罪集团与恶势力、普通刑事犯罪的界限，对有明显首要分子，重要成员较为固定，组织成员经常纠集在一起，共同故意实施多次恶势力惯常事实的犯罪活动或其他犯罪活动的，依法认定为恶势力犯罪集团。另一方面，依法适用认罪认罚从宽制度。新修订的刑事诉讼法明确了认罪认罚从宽制度。检察机关在办理黑恶势力犯罪案件时，要充分发挥主导作用，依法适用认罪认罚从宽制度，贯彻落实宽严相济刑事政策，提升办案整体质效，着重把握好以下环节：一是依法履行告知义务。及时全面告知犯罪嫌疑人、被告人享有的诉讼权利和认罪认罚的法律规定，听取犯罪嫌疑人、被告人、辩护人或者值班律师、被害人及其诉讼代理人的意见。二是依法开展认罪认罚协商。在事实清楚、证据确实充分的前提下，检察机关应当综合考量犯罪嫌疑人、被告人的犯罪事实、犯罪性质、情节和社会危害程度，依法提出适度从宽的量刑意见，并与犯罪嫌疑人、被告人及其辩护人充分沟通，详细阐明定罪量刑的理由和依据，协商确定是否从宽以及从宽形式与幅度，确保宽严有据。三是强化程序保障。认罪认罚制度贯穿于刑事诉讼整个过程，对审查起诉中没有达成认罪认罚协议，而在法庭审理阶段提出认罪认罚的，检察机关应当尊重其意愿并给予认罪认罚从宽的机会。同时，应当发挥辩护律师作用，保障其充分参与认罪认罚协商，为犯罪嫌疑人、被告人提供专业的法律帮助。

5. 唐均伟、李逢情等14人恶势力犯罪案

——不具备非法控制性特征、组织松散的共同犯罪案件不能认定为黑社会性质组织犯罪或恶势力犯罪集团

【要旨】

对尚未形成较稳定的犯罪组织，首要分子对成员的控制力、约束力较弱，为组织利益、以组织名义实施的违法犯罪活动较少，未在一定区域形成非法控制和重大影响的，即使实施了较为严重的暴力犯罪，也不能认定为黑社会性质组织犯罪或恶势力犯罪集团。

【基本案情】

2015年底至2017年2月，被告人唐均伟、李逢情通过开设赌场、发红包、提供娱乐消费等手段，先后纠集被告人蒋宏、陈杨、杨长龙、肖中刚、龙强、骆强、杨功文、龙云、于文杰、张义志、杨杰等人，购置砍刀、钢管等作案工具，在重庆市大足区实施故意伤害、聚众斗殴、开设赌场、寻衅滋事、殴打他人等违法犯罪活动，逐渐形成以唐均伟、李逢情为首的恶势力，在该地区造成较为恶劣的社会影响。自2015年底至2017年2月期间，该恶势力实施故意伤害、聚众斗殴、开设赌场、寻衅滋事等11起犯罪，造成1人死亡、7人轻伤、11人轻微伤的严重后果。

【诉讼过程】

2017年10月12日，重庆市大足区公安局以唐均伟等人涉嫌组织、领导、参加黑社会性质组织罪、故意杀人罪、聚众斗殴罪、故意伤害罪、寻衅滋事罪、开设赌场罪，向重庆市大足区人民检察院移送审查起诉。同年11月3日，大足区人民检察院将该案报送重庆市人民检察院第一分院审查起诉。

检察机关经审查认为，认定唐均伟等人构成黑社会性质组织犯罪证据不足。唐均伟等人组织结构松散，无明确帮规帮约；获取的经济利益仅来源于赌场收益，且绝大部分由唐均伟、李逢情二人用于本人赌博活动及其他消费；全案11起犯罪中，有组织实施的仅2起，其余犯罪多系偶发，且系临时邀约；

开设赌场形成非法控制的证据不足，实施的犯罪形成重大影响的证据不足。为全面查清案件性质，检察机关依法提讯犯罪嫌疑人，听取辩护人及被害人的意见；走访案发现场20余处，查明唐均伟等人的行为在当地是否形成非法控制或者重大影响；多次听取公安机关意见；围绕有组织犯罪构成，先后两次向公安机关提出补侦意见150余条。

经补查，检察机关认为在案证据仍不足以证明唐均伟等人的行为构成黑社会性质组织犯罪。同时，检察机关审查认为，本案系恶势力犯罪，但该组织稳定性较弱，有预谋实施的违法犯罪行为较少，违法犯罪活动多具有较强的随意性，尚未发展到恶势力犯罪集团。2018年5月16日，重庆市人民检察院第一分院以恶势力犯罪对唐均伟、李逢情等人提起公诉。

2018年7月31日，重庆市第一中级人民法院公开开庭审理了本案。法院审理认为，被告人唐均伟、李逢情纠集被告人蒋宏、陈杨等人在大足地区多次实施违法犯罪活动，为非作恶，欺压百姓，扰乱当地经济、社会生活秩序，造成较为恶劣的社会影响，已形成以唐均伟、李逢情为首，蒋宏、陈杨等人为成员的恶势力，系共同犯罪。被告人唐均伟、李逢情二人均以故意伤害罪、聚众斗殴罪、开设赌场罪、寻衅滋事罪被判处无期徒刑；被告人蒋宏以故意伤害罪、寻衅滋事罪被判处无期徒刑；其余被告人分别被判处二年至十二年六个月有期徒刑。

2019年1月25日，该案由重庆市高级人民法院二审维持原判。

【指导意义】

本案是公安机关以涉黑犯罪移送，检察机关坚持法治思维，改变定性意见，以恶势力犯罪起诉，法院以恶势力犯罪裁判的典型案例。一是围绕黑社会性质组织犯罪构成，准确判定涉黑涉恶。黑社会性质组织犯罪中，组织特征、经济特征、行为特征、危害性特征是一个有机整体，缺一不可。在围绕“四个特征”审查时，要认真审查、分析“四个特征”之间的内在关系，特别要注重审查危害性特征，危害性特征是本质特征。对于组织成员、违法犯罪事实相对较多，但是组织特征较弱，为组织利益实施的违法犯罪活动较少，非法控制特征不明显的犯罪案件，即使组织成员实施了较为严重的暴力犯罪，也不能认定为黑社会性质组织犯罪。二是围绕犯罪集团的认定标准，准确认定是恶势力犯罪集团还是恶势力。恶势力犯罪集团，是符合恶势力全部认定条件，同时又符合犯罪集团法定条件的犯罪组织，具体表现为有多名组织成员，有明显的首要分子，重要成员较为固定，组织成员经常纠集在一起，共同故意实施多次恶势力惯常实施的犯罪活动或其他犯罪活动。对未形成固定重要成员，成员之间关系相对松散，未多次实施有组织有预谋犯罪的，不宜认定为恶势力犯罪集团。在司法实践中，要依法区分恶势力犯罪集团和恶势力，同时充分运用刑法总则中关于共同犯罪的规定，准确区分主从犯，依法惩处。三是准确理解把握“打早打小”和“打准打实”的实质内涵。“打早打小”要求对黑恶势力及早打击，尤其是对恶势力犯罪要及早打击，防止其坐大成势，发展成为黑社会性质组织，产生严重社会危害。“打准打实”是本着实事求是的态度，在准确查明事实的基础上，构成什么罪，就按什么罪判处刑罚，既不能“降格”也不能“拔高”。特别在办理涉案人员、涉案事实众多的涉黑恶案件中，要坚持法治标准，防止因降低认定标准而“拔高”认定为涉黑犯罪或者涉恶集团犯罪。

最高人民检察院

发布检察机关依法惩治和预防毒品犯罪典型案例

（2019 年 6 月 25 日）

案例一

蒙世升贩卖毒品案

一、基本案情

广西壮族自治区灵山县公安局在侦查张宗胜贩卖、运输毒品、李剑非法持有毒品案时，发现蒙世升与本案有关。抓获蒙世升后，提请灵山县人民检察院批准逮捕。检察机关经审查，认为能够证实蒙世升犯罪的证据只有其在侦查阶段的供述，但其在审查逮捕时已经翻供，直接与蒙世升联系的张宗胜始终拒不承认，没有其他证据指证蒙世升贩卖毒品，故以事实不清、证据不足为由，作出不批准逮捕决定。

广西壮族自治区人民检察院在办理张宗胜、李剑上诉案件过程中，发现侦查机关仅对扣押的张宗胜、李剑、蒙世升手机中未删除的短信、微信进行拍照提取，未对手机中已删除信息进行数据恢复，即委托自治区检察院技术部门进行电子数据检验。经检验，恢复并提取已被删除的张宗胜、李剑、蒙世升的短信、微信信息以及通讯录，这些信息证实了张宗胜与蒙世升为交付毒资多次联系进行转款的具体内容，与蒙世升曾经的有罪供述、银行交易明细等相互印证。据此，可以认定蒙世升贩卖毒品的事实。检察机关督促公安机关对蒙世升重新提请逮捕，依法追究蒙世升贩卖毒品罪。钦州市中级人民法院以被告人蒙世升犯贩卖毒品罪，判处死刑，缓期二年执行。

二、典型意义

毒品犯罪案件隐蔽性强，取证难度大，检察机关始终坚持证据裁判原则，不因毒品案件的特殊性而放松对证据标准的要求，在证据不充分、不符合逮捕条件的情况下，依法履行不批捕职能。同时在案件审查过程中，切实发挥主导作用，依法做好自行补充侦查工作，对电子证据进行收集提取和审查判断，取得了认定蒙世升犯罪的关键证据，追诉了犯罪嫌疑人，把住了证据质量关。

案例二

郭雄林、郭宝福、郭铅贩卖毒品案

一、基本案情

湖南省郴州市人民检察院在审查欧阳峰、欧旭强、何文彬涉嫌贩卖毒品案过程中，发现毒品来源及毒资去向未查清。欧阳峰、欧旭强都供述毒品来自广东的“阿林”，且毒资通过欧阳峰银行账户转账至“阿林”的账户。经调取欧阳峰银行交易记录，发现欧阳峰几次购毒均给一个开户人为“郭雄林”的建设银行账户汇款，遂要求公安机关调取了郭雄林的身份信息交欧阳峰辨认。经欧阳峰确认并补充同案人欧旭强对郭雄林的辨认笔录，确认郭雄林即“阿林”，系毒品上家后，建议对“阿林”网上追逃。“阿林”在广东被抓获。考虑到欧阳峰曾供述过毒品是“阿林”父亲找“阿林”叔叔拿的货，在“阿林”归案后，检察官引导侦查人员调取同案郭宝福（“阿林”父亲）、郭铅（“阿林”叔叔）与“阿林”的通话记录、银行账户交易明细，与扣押的手机中的短信及微信信息进行比对，查明郭宝福、郭铅亦参与本案毒品犯罪，并将二人抓获。经查，被告人郭雄林伙同其父郭宝福向郭铅等人购买冰毒后，四次贩卖给欧阳峰、欧旭强等人共计5000余克的事实。郴州市中级人民法院以贩卖毒品罪，分别判处郭雄林、郭宝福、郭铅死刑，缓期二年执行。

二、典型意义

毒品案件上下家联系隐蔽，往往难以查清。为确保对毒品犯罪的“全链条”打击，本案检察机关在办案中，始终把握毒品来源、毒资走向两条主线，做到“三必查”，即与案件有关的人必查，看是否构成犯罪；与案件相关的事必查，看是否存在案中案；有疑点必查，看有无深挖的必要。同时积极引导取证，详细列明补充侦查提纲，成功追诉三名毒品犯罪主犯，扩大了打击成果，铲除了该条毒品犯罪链。

案例三

刘有娣贩卖毒品案

一、基本案情

被告人刘有娣驾驶小轿车携带毒品在广东省广州市被民警查获。民警在其车副驾驶位置缴获甲基苯丙胺一千余克。检察机关以贩卖毒品罪起诉刘有娣。刘有娣辩称，毒品系搭乘其车中途下车的陈某某所留。广州市中级人民法院一审判决，认为本案没有形成完整的证明体系，不能排除合理怀疑，判决被告人刘有娣无罪。广州市人民检察院认为，本案侦查取证虽存在瑕疵，现有证据可以证实刘有娣的犯罪行为，其辩解没有证据支持，依法提出抗诉。同时对侦查取证中的问题向侦查机关发出纠正违法通知书。广东省人民检察院支持抗诉，承办检察官到实地查看行车路线和抓捕现场，向侦查机关提出补证意见。承办检察官经审查案件材料还发现，被告人刘有娣的上家与省检察院办理的一起毒品上诉案中的上家“老陈”疑为同一人。但因各种原因，导致“老陈”长期未归案。广东省检察机关及时向最高检第二检察厅报告了相关情况，第二检察厅及时协调公安部禁毒局成功将犯罪嫌疑人“老陈”抓获，补强了被告人刘有娣贩卖毒品的证据。二审期间，广东省人民检察院副检察长列席了审判委员会，并发表明确意见。广东省高级人民法院二审改判刘有娣犯贩卖毒品罪，判处无期徒刑。

二、典型意义

毒品犯罪案件零口供情况较为常见，检察机关要取得突破，必须将被告人的上下家关系人的情况搞清楚。本案检察机关承办人认真复查案发现场，及时开展补查补证工作，对辖区内所办案件进行综合研判，找到了突破案件的关键性证据，对于侦查取证中的问题及时提出纠正意见。提出抗诉后，检察长列席审判委员会发表监督意见。二审将无罪改判为无期徒刑，防止了重大毒品犯罪分子逃避法律制裁。

案例四

杨楠洗钱案

一、基本案情

被告人杨楠（女）与唐俊（已判刑）系男女朋友同居关系，杨楠无工作和经济收入。唐俊纠集陈刚等人在四川省某地制造甲基苯丙胺60余公斤用于贩卖。期间，唐俊将毒品犯罪所得640万元交给杨楠，杨楠通过利用他人账户多次转账、取现等方式隐匿钱款的来源、性质，其中用140万元购买住房一套、用80万元购买轿车一辆、用420万元购买理财产品。

检察机关认为，杨楠明知以上资金为唐俊毒品犯罪所得，而帮助其掩饰、隐瞒，应当以洗钱罪追究其刑事责任。杨楠辩称知道唐俊在做工程，不知钱款是制毒所得，且大部分购买理财产品的钱是他人赠予，并非唐俊所给。一审法院认为，杨楠对唐俊的工作及收入了解，应当明知仅凭唐俊的合法收入，拿不出高额现金来买房买车，故杨楠知道或应当知道唐俊的钱来源不合法，认定杨楠构成掩饰、隐瞒犯罪所得罪，判处有期徒刑四年六个月，并处罚金人民币五万元。四川省犍为县人民检察院认为一审判决定性错误，提出抗诉，同时积极引导侦查机关取证，进一步获取了唐俊同案犯陈刚等人的证言，证实杨楠曾参与讨论制造毒品用塑料桶和铁桶哪个容易损坏等问题，证明杨楠明知唐俊从事毒品犯罪；进一步调取了银行转账记录，证实买理财产品及买车买房的资金均来源于唐俊。乐山市中级人民法院采纳抗诉意见，认定杨楠犯洗钱罪，判处有期徒刑五年，并处罚金人民币六十万元。

二、典型意义

毒品犯罪是典型的贪利型犯罪，依法追缴毒品犯罪分子的违法所得及其产生的收益，以及供犯罪使用的本人财物，准确适用财产刑，是摧毁其犯罪经济基础的重要手段，对有效打击毒品犯罪具有重要作用。本案在依法追缴唐俊犯罪所得的基础上，加大对洗钱等关联案件的打击力度，为积极推动缉毒反洗钱工作提供了可资借鉴的经验。同时也宣示，谁协助毒品犯罪分子洗钱，谁将受到法律的严惩。

案例五

王家宝等人贩卖、运输毒品案

一、基本案情

辽宁省辽阳市人民检察院在审查被告人吴传熙、王家宝、金宏禹、戴锡勇、邢海洋贩卖、运输毒品案时，发现公安机关仅认定戴锡勇贩卖甲基苯丙胺0.3克，邢海洋贩卖甲基苯丙胺1克。承办检察官通过认真审阅卷宗，讯问被告人，发现二人的上家、同案被告人金宏禹可能掌握二人的其他犯罪事实。经过细致工作，金宏禹供述了戴锡勇、邢海洋贩卖甲基苯丙胺60克给潘振的事实。检察机关依法补充了邢海洋、戴锡勇遗漏的此笔犯罪事实，同时要求公安机关依法追诉犯罪嫌疑人潘振，后潘振因贩卖毒品罪被判处有期徒刑一年。承办检察官在审查随案移送的被告人王家宝手机短信记录时，发现其给女友黄润红的短信中，多次要求黄润红协助邮寄毒品的事实，经讯问，王家宝供认指使女友黄润红协助贩卖毒品的事实。检察机关要求公安机关依法追诉犯罪嫌疑人黄润红，后黄润红因贩卖毒品罪被判处有期徒刑十三年。

本案作出一审判决后，检察机关加强对判决、裁定的审查，认为被告人王家宝贩卖甲基苯丙胺7320余克，又犯运输毒品犯罪，对促成本案毒品交易起到积极作用，且同案被告人吴传熙贩卖甲基苯丙胺4980克即被判处死缓，一审法院对王家宝判处无期徒刑不当，量刑失衡；金宏禹虽有重大立功和坦白从轻情节，但其亦系毒品再犯、累犯，且贩卖甲基苯丙胺6320余克，一审法院对其判处有期徒刑十五年，量刑不当；同时对于被告人戴锡勇、邢海洋分别判处有期徒刑十一年、有期徒刑八年，亦属量刑畸轻，一并提出抗诉。二审法院采纳检察机关的抗诉意见，改判王家宝死缓；改判金宏禹无期徒刑；改判戴锡勇有期徒刑十五年、邢海洋有期徒刑十年。

二、典型意义

在毒品犯罪案件中，犯罪分子往往多次进行毒品交易，但归案后，常常隐瞒未被发现的犯罪事实。本案中，侦查机关认定戴锡勇、邢海洋贩卖的毒品数量较少，检察机关没有就案办案，而是严审细查，深挖犯罪事实和遗漏同案犯罪嫌疑人，确保相关犯罪嫌疑人依法受到法律追究。同时依法履行审判监督职能，通过抗诉，确保罚当其罪，使犯罪分子得到了应有的惩罚，切实履行了检察机关在刑事诉讼中的主导责任。

案例六

滕军红非法买卖制毒物品案

一、基本案情

江苏省扬州市江都区人民检察院在办理公安机关移送审查起诉的滕军红非法买卖制毒物品案过程中查明，滕军红系民营企业法定代表人，其公司经营范围为相关化学品的销售，取得了非药品类易制毒化学品经营备案证明、危险化学品经营许可证。滕军红在未经备案的情况下，多次向刘某某等4人各自经营的企业出售简单加工后的丙酮合计13吨，销售额人民币6.7万元，刘某某等4人将购买的上述丙酮均用于各自经营企业的乙炔瓶装生产。检察机关经退回补充侦查并经检察委员会研究认为，丙酮是我国列管的第三类易制毒化学品，滕军红未到有关部门备案，即出售丙酮，其行为违反了《易制毒化学品管理条例》的有关规定，但其进购丙酮废液转卖或者提纯后转卖的行为，均系将丙酮用于合法的生产经营活动，依据刑法及相关司法解释的规定，滕军红的行为不构成非法买卖制毒物品罪，扬州市江都区人民检察院决定对滕军红不起诉。对滕军红违反《易制毒化学品管理条例》的行为，向扬州市公安局发出检察建议，建议对滕军红依法给予行政处罚，并对辖区内相关化工企业开展专项摸底排查，确保各企业依法经营。扬州市公安局采纳了检察机关的检察建议，对滕军红的违法行为给予100余万元的行政处罚，没收其违法所得6.7万元，并对辖区内化工企业合法经营情况开展了专项检查。

二、典型意义

制毒物品是毒品的原料，多数制毒物品在工农业生产上有较为广泛的合法用途。对于实践中违规生产、经营、运输易制毒化学品的行为，要依据刑法和相关司法解释的规定，准确区分罪与非罪的界限。本案检察机关依法履行法律监督职责，对不构成犯罪的，依法作出不起诉决定，依法平等保护各类市场主体的合法权益。对于违反行政法规的行为，在充分调研的基础上，准确制发检察建议，提高企业防范法律风险的能力，促进企业规范、合法经营，实现了办案法律效果和社会效果的双赢。

[司法解释、司法指导性文件与解读]

最高人民法院　最高人民检察院　公安部　司法部

关于办理恶势力刑事案件若干问题的意见（略）[①]

（2019 年 4 月 9 日）

解读——《关于办理恶势力刑事案件若干问题的意见》

朱和庆　周　川　李梦龙[*]

为认真贯彻落实中央开展扫黑除恶专项斗争的部署要求，依法严惩恶势力违法犯罪，在全国扫黑办的统筹协调下，最高人民法院会同最高人民检察院、公安部、司法部联合制定印发了《关于办理恶势力刑事案件若干问题的意见》（法发〔2019〕10 号，以下简称《意见》），自 2019 年 4 月 9 日起施行。为便于司法实践中准确理解和正确适用，现对《意见》的制定背景、制定过程中的总体考虑和重点内容予以简要介绍和说明。

一、《意见》的制定背景

在全国开展扫黑除恶专项斗争，是以习近平同志为核心的党中央站在中国

① 该文件内容请见《刑事法律文件解读》2019.5 总第 167 辑，第 4 页。

* 作者单位：最高人民法院。

特色社会主义进入新时代、“两个一百年”奋斗目标进入历史交汇期的战略高度作出的一项重大决策部署。为依法、准确、有力惩处黑恶势力犯罪，最高人民法院、最高人民检察院、公安部、司法部于2018年1月出台了《关于办理黑恶势力犯罪案件若干问题的指导意见》（法发〔2018〕1号，以下简称《指导意见》），对于指导办理黑恶势力犯罪案件发挥了重要作用。随着专项斗争全面深入推进，新情况、新问题不断出现，在办理恶势力刑事案件方面，一些《指导意见》未作规定或者有关规定尚需进一步细化、完善的问题，越发困扰执法办案一线。

2018年10月，中央政法委召开全国扫黑除恶专项斗争推进会，对深入推进扫黑除恶专项斗争作出全面部署，明确提出要进一步统一执法办案思想，在提高法治化水平上实现新突破。根据全国扫黑办的部署安排，最高人民法院第一时间成立了专题调研小组，经过充分调研，在深入总结实践经验和突出问题的基础上研究起草了《意见》稿，并广泛征求和听取意见，经多次修改和完善后形成《意见》。《意见》经最高人民法院、最高人民检察院、公安部、司法部会签，于2019年4月9日向社会发布并施行。

二、制定《意见》的总体考虑

第一，满足实践需要，解决突出问题。由于恶势力不是一个法定概念，导致有的地方公检法机关对于恶势力的认识分歧较大、执法尺度把握不一，一定程度上影响了打击效果。为此，《意见》研究起草牢固坚持问题导向，力求通过进一步明晰法律、政策适用，回应司法实践中依法严惩恶势力、恶势力犯罪集团的迫切需要。从前期调研情况来看，各地政法机关反映的问题基本都集中在恶势力违法犯罪认定、宽严相济刑事政策把握和恶势力刑事案件的办理程序三个方面。基于这一情况，《意见》在设计总体框架时，即明确将前述三个方面问题作为规制重点，在《意见》的第二、三、四部分分别作出详细规定，以期有效指导司法实践，解决办理恶势力刑事案件中的突出问题。

第二，坚持依法办案，体现从严惩处。在研究起草《意见》时，我们坚持充分运用法治思维和法治方式，确保将依法严惩的要求落到实处。首先，《意见》有关内容和办案要求均严格依照刑法、刑事诉讼法及有关司法解释、规范性文件的规定，强调要在案件事实清楚，证据确实、充分的基础上，准确认定恶势力和恶势力犯罪集团，坚决防止人为拔高或者降低认定标准，确保严守法律底线，保障政法机关依法办案。其次，《意见》明确要毫不动摇地坚持依法严惩方针，强调要在侦查、起诉、审判、执行各阶段体现全程从严，要运用多种法律手段体现全面从严。同时，还强调要坚持贯彻落实宽严相济刑事政策，切实做到宽严有据，罚当其罪，防止将依法从严理解为片面从严。最后，《意见》明确要坚持"分工负责，互相配合，互相制约"等刑事诉讼基本原则，坚持以审判为中心的刑事诉讼制度改革要求，不断强化程序意识和证据意识。其中，《意见》强调严格执行"三项规程"，就是要突出"三项规程"在办理恶势力刑事案件中对于规范办案程序的重要意义，提示办案人员要"规行矩步""照章办事"，推动侦查机关、公诉机关按照证据裁判的要求和标准收集、固定、审查、运用证据，审判机关充分发挥庭前会议程序作用、规范有序组织庭审，确保将每一起恶势力刑事案件都办成经得起法律和历史检验的铁案。

第三，继承既有成果，指导长远实践。《指导意见》对恶势力作出的相关规定，是对以往司法经验的深刻总结，对于依法办理恶势力刑事案件具有重要影响。《意见》的定位不是对《指导意见》作出变更、修改，而是在继受、吸收《指导意见》既有规定的基础上进行进一步细化、补充、完善，力争在满足当前扫黑除恶专项斗争需要的同时，能够在今后较长一个时期内指导司法实践，并逐步建立起办理恶势力刑事案件的规范体系。

三、对于《意见》重点内容的解读

（一）关于恶势力、恶势力犯罪集团的认定标准

1. 关于"为非作恶，欺压百姓"特征，以及恶势力与普通违法犯罪团伙的区别《意见》第四条沿用了《指导意见》对恶势力的定义，其中"尚未形成黑社会性质组织的违法犯罪组织"这一表述，既明确了恶势力与黑社会性质组织间的内在联系，也厘清了恶势力与普通违法犯罪团伙的关系。作为一种共同违法犯罪的特殊形式，恶势力在组织形式、行为方式、危害后果等方面与黑社会性质组织均有一定的相似之处，虽尚未达到黑社会性质组织的严重程度，但已经初具雏形，如果不加以限制和打击，就有可能发展成为黑社会性质组织。扫黑除恶专项斗争之所以明确提出"扫黑"与"除恶"并重，正是因为准确洞察"黑"与"恶"的内在联系，故而要以"打早打小"的惩治策略来实现"斩草除根"的惩治效果。基于同样的理由，恶势力的定义与黑社会

性质组织的认定标准也具有明显的相似性和对应性。比如，二者都要求“以暴力、威胁或者其他手段，多次实施违法犯罪活动”；又如，恶势力定义中的“为非作恶，欺压百姓”，与黑社会性质组织行为特征中的“为非作恶，欺压、残害群众”相对应，“造成较为恶劣的社会影响”与黑社会性质组织危害性特征中的“形成非法控制或者重大影响”相对应。因此，在认定恶势力时，要深刻理解和准确把握“黑”与“恶”的关系以及恶势力与普通违法犯罪团伙的区别，避免认定扩大化、随意化，确保“打准打实”的原则落到实处。

(1) 办案时要认真审查违法犯罪活动是否带有“为非作恶，欺压百姓”特征。黑社会性质组织的危害性特征中有“称霸一方”的要求，这实际上不仅勾勒出黑社会性质组织形成的不法状态，同时也反映了黑社会性质组织的总体违法犯罪意图，从而可以清晰地划定黑社会性质组织与恐怖组织、邪教组织等其他犯罪组织的楚河汉界。恶势力的定义中未包含类似的主观方面要求，主要是考虑恶势力尚处于相对松散的低端形态，不宜完全参照黑社会性质组织的认定标准。但是，“恶”与“黑”的演进关系和内在联系，决定了恶势力实施违法犯罪活动一般都会不同程度地带有“形成非法影响、谋求强势地位”的意图，并会通过不断累积的非法影响、日益巩固的强势地位攫取不法利益，壮大自身实力，最终形成对一定区域或者行业的非法控制，完成恶势力向黑社会性质组织的蜕变。在司法实践中，违法犯罪意图往往较为抽象和复杂，不易判断和把握，这就需要根据犯罪嫌疑人、被告人的客观行为，特别是违法犯罪活动的动机、起因、手段等情节来认定。就恶势力“形成非法影响、谋求强势地位”的意图而言，其表征于外的便是实施违法犯罪活动必然带有“为非作恶，欺压百姓”的特征。因此，“为非作恶，欺压百姓”这一特征便成为了区分恶势力和普通共同犯罪团伙的关键标志。所谓“为非作恶，欺压百姓”，从字面上来理解，是指做坏事、施恶行，欺负、压迫群众，办案时要注意全面、准确地把握其含义。首先，“为非作恶”，不仅指行为性质具有不法性，同时也要求行为的动机、目的、起因带有不法性，因婚恋纠纷、家庭纠纷、邻里纠纷、劳动纠纷、合法债务纠纷而引发以及其他确属事出有因的违法犯罪活动，就不宜归入“为非作恶”之列。其次，“欺压百姓”，要求“为非作恶”的方式、手段带有欺凌、强制、压迫的性质，也就是要利用物理强制或心理强制手段侵害群众权益。因此，暴力、威胁应是恶势力较常采用的违法犯罪活动手段。此处需要说明的是，实践中经常会有这样的案件：恶势力之间互相争斗，违法犯罪活动未伤及无辜群众，是否属于“欺压百姓”？我们认为，“欺压百姓”既包括直接以普通群众为对象实施违法犯罪活动的情形，也包括因逞强争霸、好勇斗狠、树立恶名、抢夺地盘等不法动机实施违法犯罪活动，直接或间接破坏人民群众安全感的情形。这是因为，恶势力处于不断发展过程中，违法犯罪活动对象并不特定，即便在个案中未直接侵害普通群众权益，但其发展壮大后必然会对人民群众的人身权利、财产权利、民主权利形成威胁或造成损害，故对“欺压百姓”不应作狭义理解。

（2）办案时要准确区分恶势力与普通违法犯罪团伙。恶势力与普通违法犯罪团伙都具有一定的组织性、稳定性，但二者在有无“为非作恶，欺压百姓”特征、有无“造成较为恶劣的社会影响”等方面存在区别。在具体案件中，可以从以下方面分解细化：

一是违法犯罪手段具有特定性。如前所述，“欺压百姓”的特定含义，决定了恶势力实施违法犯罪活动应当以暴力、威胁为主要手段。而普通违法犯罪团伙则没有这方面要求，犯罪手段要根据其具体实施的犯罪行为而定。

二是行为方式具有公开性。恶势力实施违法犯罪活动一般都会不同程度地带有“形成非法影响、谋求强势地位”的意图，而且客观上要求“在一定区域或者行业内，造成较为恶劣的社会影响”，因此，其实施违法犯罪活动必然具有一定的公开性，也就是通常所说的“横行乡里，肆无忌惮”。而普通共同违法犯罪通常采用较为隐蔽的方式实施，在实现犯罪目的后就设法隐匿踪迹、毁灭痕迹，不会有意制造或者放任形成不法影响。

三是危害后果具有多重性。恶势力因为意图“形成非法影响、谋求强势地位”，其违法犯罪活动带来的危害往往具有复合性，在侵犯公民人身、财产权利的同时，还会破坏市场经济秩序或者社会管理秩序。而普通违法犯罪团伙一般是出于某种特定的违法犯罪目的而聚集，造成的危害后果通常具有单一性。因此，《意见》第五条作出排除性规定，将“单纯为牟取不法经济利益而实施的‘黄、赌、毒、盗、抢、骗’等违法犯罪活动，不具有为非作恶、欺压百姓特征的”排除在恶势力案件之外。同时，在《意见》其他条款中也有类似提示，认定恶势力、恶势力犯罪集团时，应杜绝只看“人数”“行为次数”和“罪名”的错误倾向。

2. 关于恶势力的成员人数及各类成员的认定、区分

《意见》第六条吸收了《指导意见》中“恶势力一般为3人以上，纠集者

相对固定”的规定，并明确了恶势力纠集者、其他成员的认定和区分。关于恶势力的成员人数，有一种观点认为，由于《指导意见》规定恶势力是“一般”而非“应当”为3人以上，因此，对于2人共同实施，甚至1人单独实施多次违法犯罪活动，造成较为恶劣社会影响的，也完全可以认定为“2人恶势力”甚至“1人恶势力”。我们认为，这种观点并不准确，在绝大多数案件中应当将恶势力的成员人数把握在3人以上。主要理由是，恶势力是一类违法犯罪组织，作为共同违法犯罪的特殊形式，不论是从刑法相关规定还是从文义解释来看，其人数下限原则上都应高于一般的共同违法犯罪，只有在“为非作恶，欺压百姓”特征十分明显、危害后果特别严重的极个别情况下，才可以考虑认定“2人恶势力”。至于“1人恶势力”，则明显不符合违法犯罪组织的基本构成条件，应当坚决排除在外。

关于恶势力的纠集者，《指导意见》规定“纠集者相对固定”却没有明确纠集者的概念，使实践中各地、政法各单位对恶势力的纠集者理解、把握有不同程度差异。为此，《意见》明确“纠集者，是指在恶势力实施的违法犯罪活动中起组织、策划、指挥作用的违法犯罪分子”。需要说明，由于恶势力属于相对松散的违法犯罪组织，故其纠集者所起的组织、策划、指挥作用主要体现在恶势力实施的具体违法犯罪活动中，不必然及于整个违法犯罪组织的运行、活动。此外，有意见提出，实践中常有多名较为固定的违法犯罪分子相互纠集，除多次实施违法犯罪活动是由不同的人员组织、策划、指挥外，均符合恶势力其他认定条件，建议将此类情况也认定为恶势力。我们经研究认为，在前述情况下，多名违法犯罪分子通常关系较为紧密、地位基本相当，在多次违法犯罪活动中起组织、策划、指挥作用的具体人员虽有不同，但也是视情况在特定几人中产生，因而符合“恶势力纠集者相对固定”这一规定的本质要求。故《意见》采纳了这一观点，并且明确有组织、策划、指挥具体违法犯罪活动行为的成员均可以认定为纠集者。

关于恶势力的其他成员，《意见》坚持了主客观相一致原则，要求行为人需要在主观认识上“知道或者应当知道与他人经常纠集在一起是为了共同实施违法犯罪”，在主观意志上要有加入恶势力的意愿，即“仍按照纠集者的组织、策划、指挥”，在客观行为上“参与违法犯罪活动”，方可认定为恶势力成员。对于那些主观上并无加入恶势力意愿，仅因临时雇佣或被雇佣、利用或被利用以及受蒙蔽参与少量恶势力违法犯罪活动的人员，一般不应认定为恶势力成员。从实践情况来看，行为人有无参与恶势力实施的违法犯罪活动一般能够通过充分的证据直观反映，而行为人的主观认知与态度则要结合其参与违法犯罪活动时的具体行为、所起作用、与其他恶势力成员间的关系等事实予以认定。在办理案件时，应当结合《意见》规定注意把握以下两点：一是行为人在知晓与他人经常纠集在一起是为了共同实施违法犯罪的情况下，依然按照纠集者组织、策划、指挥行事，通常会具体表现为与其他成员平时联系较紧密、对所参与实施的违法犯罪活动的动机、起因、对象比较了解且行为积极、作用明显等；二是在适用恶势力成员的排除性规定时，要注意把握参与违法犯罪活动的“临时”“少量”。对于表面虽有雇佣或被雇佣、利用或被利用关系，但是长时间或者多次参与恶势力违法犯罪活动的，应当视为行为人已具有加入恶势力的意愿，避免违法犯罪分子利用规定逃避打击。

3. 关于“经常纠集在一起”的把握

根据《指导意见》规定，认定恶势力要求犯罪嫌疑人、被告人经常纠集在一起，并且多次实施违法犯罪活动。但对于“经常纠集在一起”应当如何理解、把握，《指导意见》并未明确。我们认为，认定“经常纠集在一起”，要审查犯罪嫌疑人、被告人日常联系是否紧密，但更主要的是看有无在一定时期内共同“多次实施违法犯罪活动”，前者很大程度上需要通过后者的时间跨度和参与人员稳定性来反映和证明。

(1) 关于多次实施违法犯罪活动的时间跨度

“经常纠集在一起”，实际上反映了对违法犯罪组织持续性的要求，而这种持续性主要是靠一定时期内违法犯罪活动的反复实施来体现。一方面“多次实施违法犯罪活动”需要达到一定的频密度，不能相隔过久，另一方面也要求违法犯罪活动不能过于集中，换言之，就是“纠集在一起”的时间不能过于短暂。因此，有必要对“多次实施违法犯罪活动”的时间跨度加以适当限定。例如，甲、乙、丙三人曾经共同实施过两起寻衅滋事违法活动，之后很长一段时间里没有惹是生非，直至六七年后又共同实施了一起故意伤害犯罪，在形式上虽然符合“多人”“多次”标准，但由于违法活动和犯罪活动的时间间隔过长，实际上已经难以认定甲、乙、丙三人“经常纠集在一起”，不应以恶势力来评价。又如，甲、乙、丙三人在短短数天内连续共同实施三起违法犯罪活动，但除此之外再无其他违法犯罪事实，尽管在形式上同样也已符合“多人”“多次”标准，但由于“纠集在一起”的时间明显较短，故不足以作为违法犯罪组织来评价。当然这种情形并不绝对，如果时间虽短，但违法犯罪活动远超“多次”标准，且已造成较为恶劣的社会影响，同时符合其他认定条件的，也可以认定为恶势力。

（2）关于成员的稳定性

恶势力作为一类违法犯罪组织，其成员需要有一定的稳定性，如果每次参与实施违法犯罪活动的人员都变化不定，那么也很难认定其已形成“组织”。因此，本次出台的意见规定“包括纠集者在内，至少应有2名相同的成员多次参与实施违法犯罪活动”，办案时要特别注意这一点，不能不区分情况，简单地将若干不同人员实施违法犯罪活动叠加，打包后作为恶势力刑事案件来处理。

4. 关于恶势力主要实施和伴随实施的违法犯罪活动

恶势力主要实施的违法犯罪活动，是指恶势力惯常实施且能够较明显地反映恶势力“为非作恶，欺压百姓”特征的违法犯罪活动。《指导意见》提示性地列举了强迫交易、故意伤害、非法拘禁、敲诈勒索、故意毁坏财物、聚众斗殴、寻衅滋事，并在之后加了一个“等”字。实践中有观点认为，犯罪嫌疑人、被告人只要多次共同实施上述七类中的一种或数种违法犯罪活动，就可以认定为恶势力。对此，前文已作分析，不能简单地以罪名来认定恶势力，办案时还要根据案件的动机、起因、对象、危害后果等综合判断。此外，实践中对于“等”字也有不同理解，《意见》第八条第一款针对该问题作出回应。

与“主要实施”相对应，开设赌场、组织卖淫、强迫卖淫、贩卖毒品、运输毒品、制造毒品、抢劫、抢夺、聚众扰乱社会秩序、聚众扰乱公共场所秩序、交通秩序以及聚众“打砸抢”等，是恶势力案件中伴随实施的违法犯罪活动。之所以称之为“伴随实施”，是因为这些违法犯罪活动在恶势力案件中虽然也很常见，但有的缺少公开性，有的没有具体被害人，有的危害后果仅限于侵害财产权，还有的往往事出有因，故在通常情况下，仅有这些违法犯罪活动还不足以体现恶势力“为非作恶，欺压百姓”的特征。因此，如果犯罪嫌疑人、被告人仅仅是共同实施了以上一种或数种违法犯罪活动，一般不应认定为恶势力。但这也并不绝对，诸如聚众“打砸抢”等违法犯罪活动，在不少案件中也可以明显地反映出犯罪嫌疑人、被告人“为非作恶，欺压百姓”的特征，如果同时符合其他认定条件，也可认定为恶势力。基于以上理解，《意见》第八条第二款对《指导意见》中恶势力伴随实施的违法犯罪活动有关规定进行了进一步完善。

5. 关于反复实施单一性质违法行为的评价

《意见》第九条第一款规定："对于反复实施强迫交易、非法拘禁、敲诈勒索、寻衅滋事等单一性质的违法行为，单次情节、数额尚不构成犯罪，但按照刑法或者有关司法解释、规范性文件的规定累加后应作为犯罪处理的，在认定是否属于'多次实施违法犯罪活动'时，可将已用于累加的违法行为计为一次犯罪活动，其他违法行为单独计算违法活动的次数。"以上规定，主要考虑违法行为是恶势力违法犯罪活动的重要组成部分，对于认定恶势力意义重大。特别是对那些"大罪不犯，小恶不断"的团伙，如果其行为符合"为非作恶，欺压百姓"特征，且已造成较为恶劣的社会影响的，完全有必要作为恶势力打击处理。以寻衅滋事为例，假如犯罪嫌疑人、被告人共同实施了5次随意殴打他人的寻衅滋事违法行为，虽然只能按照一罪处理，但超出"多次随意殴打他人"入罪标准的那部分违法行为，可以单独计算违法活动的次数，也就是视为1次犯罪活动和2次违法活动，这样就符合了恶势力"多次实施违法犯罪活动"的要求，如果同时符合其他认定条件的，应当作为恶势力案件处理。如此认定，可以更加全面、准确评价相关违法犯罪活动所造成的社会危害。

6. 关于恶势力危害后果的认定

《指导意见》规定，恶势力"扰乱经济、社会生活秩序，造成较为恶劣的社会影响"，但没有明确前述后果应当如何认定。我们认为，恶势力"造成较为恶劣的社会影响"并不是仅指案件的社会知晓度或者产生的轰动效应，而是与黑社会性质组织形成的非法控制或者重大影响相类似，表现为对经济、社会生活秩序干扰、破坏和影响程度。故《意见》第十条借鉴黑社会性质组织犯罪危害性特征的规定，从侵害对象及其数量、违法犯罪次数、手段、规模、人身损害后果、经济损失数额、违法所得数额、引起社会秩序混乱的程度以及对人民群众安全感的影响程度等方面提出了认定恶势力危害后果的方向性指引，供办案机关结合案情和本地区实际情况综合把握。

7. 恶势力犯罪集团的有关问题

《意见》第十一条在《指导意见》有关规定的基础上对恶势力犯罪集团的定义作出了进一步明确，即符合恶势力全部认定条件，同时又符合犯罪集团法定条件的犯罪组织。可以说，恶势力是形成恶势力犯罪集团的基础，恶势力犯罪集团是恶势力的下一发展形态。与恶势力的纠集者不同，由于犯罪集团是一个法定概念，刑法中对犯罪集团的首要分子已有明确界定，因而《意见》对于恶势力犯罪集团首要分子的定义也宜与之保持一致。

对恶势力犯罪集团的首要分子，按照恶势力集团所犯全部罪行处罚，是用足用好刑法总则关于犯罪集团的规定，实现依法从严惩处的重要途径。为此，只有准确认定恶势力犯罪集团实施的违法犯罪活动，将集团与成员个人的违法犯罪区分开来，才能确保精准打击、不枉不纵。由于黑社会性质组织属于特殊的犯罪集团，因而在违法犯罪活动区分问题上与恶势力犯罪集团具有一致性，故《意见》明确直接参照《指导意见》第十条第二款的规定认定恶势力犯罪集团所实施的违法犯罪活动。

8. 关于特定群体认定恶势力、恶势力犯罪集团的问题

考虑到未成年人、老年人、残疾人由于心智、身体等方面的特点，在实施违法犯罪的方式和行为表现上往往与典型的恶势力、恶势力犯罪集团有所区别。故《意见》第十二条明确，全部成员或者首要分子、纠集者以及其他重要成员均为未成年人、老年人、残疾人的，认定恶势力、恶势力犯罪集团时应当特别慎重。

（二）关于正确运用宽严相济刑事政策的有关要求

1. 关于运用宽严相济刑事政策的总体把握

宽严相济刑事政策是我国的基本刑事政策，贯穿于刑事立法、刑事司法和刑罚执行的全过程，在办理恶势力刑事案件过程中同样需要一以贯之。宽严相济的核心就是要根据犯罪的具体情况，实行区别对待，做到该宽则宽，当严则严，宽严相济，罚当其罪。首先，对于恶势力犯罪整体来说，由于其严重的社会危害性，与办理其他刑事案件相比，在总体上应当体现依法从严惩处方针，这是宽严相济刑事政策的内在要求。其次，对具体的恶势力刑事案件而言，要深刻认识“没有区别就没有政策”，不能将依法严惩简单理解为一律从严，而是要充分体现区分情况、区别对待的原则，根据犯罪嫌疑人、被告人的主观恶性、人身危险性、在恶势力、恶势力犯罪集团中的地位、作用以及在具体犯罪中的罪责来确定不同的刑罚，切实全面发挥刑罚功能，做到坚持宽严并举、突出惩治重点，实现政治效果、法律效果和社会效果的统一。最后，要注重综合运用多种法律手段充分体现依法从“严”、从“宽”的政策要求，这也是《意见》第十三条着重解决的问题。

2. 对恶势力犯罪集团不同类型成员立功情节的把握

根据《意见》第十四条的规定，对恶势力犯罪集团首要分子的立功情节应当从严把握、区别对待。这一规定是宽严相济刑事政策的具体体现，是对既往严格把握黑社会性质组织的组织者、领导者立功情节相关规定的借鉴和发展，进一步体现了不让犯罪分子利用优势地位得利的从严惩处精神。在研究起草过程中，有观点认为，对恶势力纠集者的立功情节也应从严把握、区别对待。我们认为，恶势力犯罪集团属于为共同实施犯罪而组成的较为固定的犯罪组织，已经达到了相当高的组织化程度，离黑社会性质组织更近一步，但恶势力还处在“纠集”层面，组织较为松散，纠集者的作用一般只体现在具体违法犯罪活动中，平时与其他成员大多没有领导、管理关系，故其没有明显的优势地位，难以与恶势力犯罪集团的首要分子相提并论，故《意见》未采纳这种观点。此外，《意见》还昭示了对于恶势力犯罪集团的其他成员通过提供线索、帮助收集证据或者其他协助行为，配合司法机关查办案件的应予积极评价，并且明确提出，在侦破恶势力犯罪集团案件、查处“保护伞”等方面起到较大作用的，即使依法不能认定立功，一般也应酌情对其从轻处罚，可以起到分化、瓦解犯罪分子，提高案件查办效率的效果。

3. 对同时具有从严、从宽处罚情节的把握

实践中，常有恶势力刑事案件的犯罪嫌疑人、被告人同时具有法定、酌定从严和法定、酌定从宽处罚情节，需要在量刑时作出总体把握。对此，《意见》在吸收《最高人民法院关于贯彻宽严相济刑事政策的若干意见》（法发〔2010〕9号）有关规定的基础上，进一步强调对于恶势力的纠集者、恶势力犯罪集团的首要分子、重要成员，量刑时要体现总体从严；对于在共同犯罪中罪责相对较小、人身危险性、主观恶性相对不大，且能够真诚认罪悔罪的其他成员，量刑时要体现总体从宽。通过这一规定，《意见》力求实现对宽和严两种手段的综合运用，对不同的犯罪和犯罪分子作出区别对待，切实做到严中有宽、宽以济严；宽中有严、严以济宽。

4. 关于认罪认罚从宽制度的适用

2018年10月26日，十三届全国人大常委会第六次会议通过《关于修改〈中华人民共和国刑事诉讼法〉的决定》，将认罪认罚从宽制度改革成果以法律形式固定下来。认罪认罚从宽制度对于更好落实坦白从宽、全面贯彻宽严相济，推进繁简分流，实现公正与效率相统一都有着重要意义。但是，在办理恶

势力刑事案件过程中能否适用该制度存在争议，实践中也确实存在“不敢用”的问题。我们认为，认罪认罚从宽制度是宽严相济、坦白从宽刑事政策的具体化和制度化，其制度定位决定了认罪认罚从宽制度没有特别的案件范围限制。故《意见》规定，恶势力刑事案件的犯罪嫌疑人、被告人自愿如实供述自己的罪行，承认指控的犯罪事实，愿意接受处罚的，可以依法从宽处理，并适用认罪认罚从宽制度。但是，需要注意，根据刑事诉讼法第十五条的规定，认罪认罚从宽绝不是“一律从宽”，而是“依法”从宽、“可以”从宽，在适用时必须坚持宽严相济刑事政策。因此，对那些犯罪性质恶劣、犯罪手段残忍、社会危害严重的犯罪嫌疑人、被告人，其认罪认罚不足以从轻处罚的，《意见》也明确对其排除适用认罪认罚从宽制度。

（三）办理恶势力刑事案件的其他问题

1. 关于恶势力刑事案件的文书表述问题

《指导意见》第十四条第二款规定：“在相关法律文书的犯罪事实认定部分，可使用‘恶势力’等表述加以描述。”这是相比以往规范性文件的一大创新之处，首次提出了恶势力的法律文书表述问题，对于办理恶势力刑事案件的制度化、规范化具有重要意义。《意见》基于一年多来扫黑除恶专项斗争的司法实践，对恶势力刑事案件法律文书的制作规范作了进一步完善，主要体现在以下方面：

一是《意见》第十七条将“可使用‘恶势力’等表述加以描述”的要求上升为“应当”明确表述或者定性。主要考虑，认定恶势力、恶势力犯罪集团是对犯罪嫌疑人、被告人的否定性评价，一旦认定就要在刑事诉讼各阶段对其体现整体从严，对犯罪嫌疑人、被告人的实体和程序利益影响重大。《意见》要求在法律文书中一律明确表述恶势力或者明确恶势力犯罪集团的定性，不仅体现了司法公开的基本精神，也是对当事人知情权和辩解、辩护权的进一步保障。此外，在相关法律文书中明确表述恶势力或者明确恶势力犯罪集团的定性，还有利于侦查、审查起诉、审判、执行各阶段工作的顺畅衔接，进一步提高恶势力刑事案件办理的法治化、规范化水平。

二是《意见》提出了恶势力刑事案件法律文书的制作要求和指引。《意见》明确要求认定恶势力的案件，要同时在法律文书事实部分列明恶势力的纠集者、其他成员、违法犯罪事实以及据以认定的证据；符合恶势力犯罪集团认定标准的，同时应当列明首要分子、其他成员、违法犯罪事实以及据以认定的证据，并引用刑法总则关于犯罪集团的相关规定。同时，《意见》还明确"被告人及其辩护人对恶势力定性提出辩解和辩护意见，人民法院可以在裁判文书中予以评析回应"，既统一了实践中的不同做法，也符合裁判说理的工作要求。

2. 关于不诉不理原则和上诉不加刑原则的适用问题

根据不诉不理原则，《意见》规定，人民检察院如果没有指控恶势力或恶势力犯罪集团的，人民法院不应主动认定，可仅就起诉指控的犯罪事实依照相关规定作出判决、裁定；还根据上诉不加刑原则规定，审理上诉案件时，一审认定黑恶势力有误，二审可以纠正，但不能增加或者升格认定，充分保障被告人的上诉权，防止上诉可能给被告人带来的不利后果。对此，在《意见》研究起草过程中曾有不同观点，认为恶势力不是独立的罪名，仅属于司法认定的事实和酌定的量刑情节，所以即便人民检察院未在起诉书中指控，人民法院在审判期间发现构成恶势力，可以主动认定；同理，一审判决在认定恶势力存在错误，该定未定的，二审法院可以通过增加认定来予以纠正。我们认为，产生这一分歧的关键在于对认定恶势力的法律意义应如何定位。根据《指导意见》和《意见》规定，认定恶势力不仅会导致量刑从重，还会产生其他不利于被告人的法律后果，一是在执行刑罚时，减刑、假释、保外就医等均会被从严掌握，二是认定恶势力后，在适用部分罪名（如敲诈勒索罪）时入罪标准会有相应降低。因此，是否认定恶势力，事实上对被告人实体、程序利益均有重大影响，应当受到不诉不理原则和上诉不加刑原则的限制，故《意见》未采纳前述观点。

最高人民法院　最高人民检察院　公安部　司法部

关于办理“套路贷”刑事案件若干问题的意见（略）[①]

（2019年4月9日）

解读——《关于办理“套路贷”刑事案件若干问题的意见》

朱和庆　周　川　李梦龙*

为持续深入开展扫黑除恶专项斗争，准确甄别和依法严厉惩处“套路贷”违法犯罪分子，在全国扫黑办的统筹协调下，最高人民法院会同最高人民检察院、公安部、司法部联合制定印发了《关于办理“套路贷”刑事案件若干问题的意见》（法发〔2019〕11号，以下简称《意见》），自2019年4月9日起施行。为便于司法实践中准确理解和正确适用，现对《意见》的制定背景、主要内容予以简要介绍和说明。

一、《意见》的制定背景和过程

近年来，假借民间借贷之名实施的侵犯财产类违法犯罪活动开始出现并日益猖獗，政法机关在司法实践中对此类违法犯罪逐渐形成了“套路贷”这一

① 该文件内容请见《刑事法律文件解读》2019.5总第167辑，第4页。

* 作者单位：最高人民法院。

称谓。在一些地区，“套路贷”已逐步发展成为黑恶势力较常实施的违法犯罪活动，严重侵害人民群众的人身权利、财产权利，严重破坏经济秩序、社会秩序，严重影响人民群众的安全感和社会和谐稳定，社会危害性极大，人民群众反映强烈。针对“套路贷”犯罪，最高人民法院、最高人民检察院、公安部、司法部于2018年1月出台的《关于办理黑恶势力犯罪案件若干问题的指导意见》（法发〔2018〕1号，以下简称《指导意见》）虽然没有明确使用“套路贷”这一称谓，但已在《指导意见》第二十条对“套路贷”犯罪的认定和处理作出了初步规定；多个地方也就办理“套路贷”刑事案件研究出台了地方性指导意见。但由于“套路贷”在全国各地的发案分布极不均衡，表现形式千差万别，一些地方对此类案件的理解、认识存在偏差，在办理“套路贷”刑事案件时不同程度出现了“不会打”或“打不准”的问题。

为贯彻落实2018年10月全国扫黑除恶专项斗争推进会的有关部署要求，进一步统一执法办案思想，提高专项斗争的法治化水平，最高人民法院第一时间成立了专题调研小组，经过充分调研，在深入总结实践经验和突出问题的基础上研究起草了《意见》稿，并以《意见》稿为基础通过召开调研座谈会、书面征求意见等多种形式广泛听取意见，几经修改和完善后形成《意见》。《意见》经最高人民法院、最高人民检察院、公安部、司法部会签，于2019年4月9日向社会公布并施行。

二、准确把握“套路贷”与民间借贷的区别

（一）关于“套路贷”的概念

《意见》第一条对于什么是“套路贷”作出了定义。“套路贷”既不是一个法律概念也不是一个政策概念，而是在办案实践中对假借民间借贷之名非法占有他人财物的类型化违法犯罪的概括性称谓。因此，“套路贷”在之前并没有统一的定义，各地出台的有关文件对其的界定也存在不同程度差异。经认真总结各地经验，充分研究“套路贷”的不同行为方式，《意见》在《指导意见》第二十条规定的基础上明确了“套路贷”的概念，其概念主要包括以下三个方面：

一是行为目的非法性，即犯罪分子是以非法占有被害人财物为目的实施“套路贷”。明确非法占有目的，既是为了从主观方面将“套路贷”与民间借贷区分开来，也是为了在具体犯罪中区分此罪与彼罪。

二是债权债务虚假性，即犯罪分子假借民间借贷之名，通过使用“套路”，诱使或迫使被害人签订“借贷”或变相“借贷”“抵押”“担保”等相关协议，进而通过虚增借贷金额、恶意制造违约、肆意认定违约等方式形成虚假债权债务。对于犯罪分子来说，“借贷”是假，侵犯被害人的财产权利是真，“借贷”仅是一个虚假表象。

三是“讨债”手段多样性，即在被害人未按照要求交付财物时，“套路贷”犯罪分子会借助诉讼、仲裁、公证或者采用暴力、威胁以及其他手段向被害人强行“讨债”，以此实现对被告人财物的非法占有。其中，“套路贷”犯罪分子借助公证，既有可能是为之后以虚假事实提起诉讼或者仲裁准备证据，也有可能是利用民事诉讼法中公证债权文书执行的相关规定，直接申请强制执行案涉“公证债权文书”，非法占有被害人财物。

（二）关于“套路贷”与民间借贷的区别

《意见》第二条重点解读了应当如何区分“套路贷”与民间借贷。通过前期调研，我们发现将“套路贷”与民间高利放贷、非法讨债相混淆，是当前一些地方对“套路贷”犯罪存在误解的主要原因。为此，《意见》第二条专门从主客观两个方面明确了“套路贷”与民间借贷的区别。在主观上，要注意把握行为人有无非法占有他人财物的目的，这是“套路贷”与民间借贷的本质区别。民间借贷的目的是为了获取利息收益，借贷双方都对实际借得的本金和将产生的利息有清醒认识，出借人通常希望借款人能按时还本付息。而“套路贷”是以借款为幌子，通过设计套路，引诱、逼迫借款人垒高债务，最终达到非法占有借款人财产的目的。在客观上，要注意把握行为人是否处心积虑设计各种套路，制造债权债务假象，非法强占他人财产的行为。例如，犯罪分子往往会以低息、无抵押等为诱饵吸引被害人“上钩”，以行业规矩为由诱使被害人签订虚高借款合同，谎称只要按时还款，虚高的借款金额就不用还，然后制造虚假给付痕迹，采用拒绝接受还款等方式刻意制造违约，通过一系列“套路”形成高额债务，达到非法占有他人财物的目的。而在民间借贷中，虽然常会出现出借人从借款本金中预扣利息、收“砍头费”的现象，但在这种情况下，预扣的利息、收取的费用是基于借贷双方的约定，借款人对于扣除利息、收取费用的金额也心知肚明，出借人后续亦不会实施故意制造违约、恶意垒高借款等行为。因此，区分“套路贷”和民间借贷，要根据案件事实和证据综合评判，不能只关注某个因素、某个情节。

此外，因为“套路贷”违背被害人的意志，或制造虚高的借款金额，或恶意垒高债务，被害人一般不可能自愿还债，所以犯罪嫌疑人、被告人往往软硬兼施“索债”，在外在行为表现上与非法讨债引发的案件有相似之处。在司法实践中，要牢牢把握有无非法占有他人财物目的这一本质区别特征，对于犯罪嫌疑人、被告人不具有非法占有目的，也未使用“套路”与借款人形成虚假债权债务，因使用暴力、威胁以及其他手段强行索债构成犯罪的，不视为“套路贷”，应当根据具体案件事实定罪处罚。

（三）关于“套路贷”常见的犯罪手法和步骤

《意见》第三条共列举了制造民间借贷假象、制造资金走账流水等虚假给付事实、故意制造违约或者肆意认定违约、恶意垒高借款金额、软硬兼施“索债”这五类“套路贷”常见犯罪手法和步骤，在实践中应当注意把握以下几个方面：

一是列举五类常见犯罪手法和步骤的目的是为了回应实践需要。蔓延发展迅速和地区间发案不均衡，是当前“套路贷”犯罪呈现的两个特征。在“套路贷”犯罪出现较早的地区，当地政法机关已经接触了不少“套路贷”刑事案件，对“套路贷”犯罪已经有了一定认识，积累了一定的办案经验。而有些地方的政法机关由于尚未接触或刚刚开始接触“套路贷”刑事案件，对“套路贷”犯罪尚缺乏足够的认识，但却同样面临严防严惩“套路贷”犯罪的紧要任务。列举五类常见的犯罪手法和步骤，就是为了帮助办案一线直观认识“套路贷”犯罪，进而有效甄别、打击。

二是在具体的“套路贷”犯罪中，五类犯罪手法和步骤并不必然全部出现。实践中，“套路贷”犯罪在犯罪手法的具体选择上多种多样，可能多种犯罪手法并用，通过多个犯罪步骤实现对被害人财产的非法占有，也可能仅采用少量犯罪手法就达成了犯罪目的。因此，不能认为全部具备所列举的五类犯罪手法和步骤才是“套路贷”犯罪。

三是“套路贷”犯罪的犯罪手法和步骤不局限于所列举的范围。实践中，“套路贷”犯罪的表现形式千差万别，且为了逃避打击、继续攫取不法利益，不断转型变化、花样翻新，在认定“套路贷”犯罪时还是应当着重根据其假借民间借贷之名行非法占有之实的主要特征来甄别判断。

三、依法严惩“套路贷”犯罪

（一）关于“套路贷”的定罪问题

《意见》第四条对于“套路贷”犯罪案件的罪名确定问题作了提示性规定。“套路贷”犯罪在主观上以非法占有为目的，在客观上行侵财之实，但由于犯罪手段、行为表现各有不同。在办理“套路贷”刑事案件时，司法机关需要根据“套路贷”行为人非法取得他人财产的具体手段、方式，依照刑法有关犯罪的构成要件，确定具体罪名。对于未采用明显的暴力或者威胁手段，主要靠“骗”取得被害人财物的“套路贷”，一般以诈骗罪论处。例如，在有的案件中，被告人谎称自己的公司需要“冲业绩”，帮公司签订借贷协议不仅不用还款，还可以获取“好处费”，待被害人落入圈套后，便利用对方法律知识欠缺的弱点以及害怕“惹事”的心理索取所谓“债务”。由于该案中被告人主要是靠虚构事实、隐瞒真相实现非法占有目的，故应以诈骗罪定罪处罚。

但在实践中，犯罪分子实施“套路贷”的手段经常变换，还有可能构成敲诈勒索、非法拘禁、虚假诉讼、寻衅滋事、强迫交易、抢劫、绑架等多种犯罪。例如，在实施“套路贷”过程中，主要通过威胁或者要挟的方法非法占有被害人财物的，构成敲诈勒索罪。在常见的“车贷”型“套路贷”中，有的被告人在诱骗被害人签订虚高“借款”合同时，要求给被害人车辆安装GPS定位器，并编造各种借口拿走汽车备用钥匙。嗣后，通过损毁GPS定位器等方式故意造成被害人违约，再采用滋扰、恐吓等手段进行威胁，或者利用备用钥匙将车辆开走，逼迫被害人付款赎车。在该类案件中，被告人主要是利用威胁或者要挟对被害人形成心理强制，实现非法占有财物目的，因此应以敲诈勒索罪追究刑事责任。再如，对于在实施“套路贷”过程中，以暴力、胁迫或者其他方法当场劫取被害人财物的，应以抢劫罪定罪处罚。在某起“套路贷”案件中，一名被害人与被告人开设的公司签订借款4万元的合同，之后被告人肆意认定违约，指使手下挟持并殴打该被害人，通过被害人微信转账方式当场劫取16万元，应当认定该起犯罪构成抢劫罪。

在具体个案中，“套路贷”的表现形式不胜枚举，不同犯罪手段的组合、不同的犯罪情境等都可能导致案件定性或者罪数处断截然不同。以前述构成抢劫罪的案例作进一步分析，假如被告人不是当场劫取被害人本人的财物，而是在使用暴力手段挟持被害人后要求其亲友交钱赎人，那么就应以绑架罪定罪处罚。此外，犯罪分子多种手段并用，导致办案时往往需要对“一行为”或“数行为”以及是否存在竞合、牵连关系进行判断，所以，对于不同案件，应当根据具体案件事实，区分不同情况，依照刑法及有关司法解释的规定确定罪名和罪数。

（二）关于“套路贷”的共犯认定

《意见》第五条对于“套路贷”犯罪案件中的共犯问题作出了规定。实践中，“套路贷”犯罪多为共同犯罪，分工日趋细化，环节众多，其中“拉客户”、协助制造走账记录等配合、支持、帮助行为对于“套路贷”犯罪顺利实施并最终达成非法占有目的发挥了重要作用。由于“套路贷”犯罪的暴利性，围绕“套路贷”俨然已经形成了一个犯罪链条，不仅产生了所谓“贷款中介”等专门为“套路贷”犯罪分子提供“服务”的职业化群体，而且还有一些具有专业知识背景或者在相关行业从业的人员参与其中，在加剧“套路贷”犯罪社会危害的同时，也增加了发现、惩治犯罪的难度。为实现对“套路贷”犯罪的全链条打击，《意见》明确了“套路贷”共同犯罪人的处理，规定明知他人实施“套路贷”犯罪，仍具有组织发送“贷款”信息、广告，吸引、介绍被害人“借款”等情形的，除刑法和司法解释等另有规定外，以相关犯罪的共犯论处。

根据刑法第二十五条的规定，共同犯罪离不开共同犯意，而共同犯意历来又是司法实践中的认定难点。在《意见》起草过程中，《意见》稿一度采用“与‘套路贷’犯罪分子事先通谋”才能以共犯论处的观点。在后续修改中将“通谋”改为“明知”，主要考虑“通谋”一般会被理解为二名以上行为人通过交流沟通形成共同犯罪故意的过程，而反映这一过程的证据往往难以获取，大多数情况下严重依赖口供，容易出现只要一方否认就难以形成闭合证据链的情况。尤其在当前“套路贷”犯罪链条化的背景下，“套路贷”共同犯罪人之间分工明确、配合默契，往往通过心照不宣的方式形成犯意联络，不再依赖明示沟通，如果以“通谋”作为入罪条件，可能会在实践中抬高认定标准，从而放纵犯罪。但是，将“通谋”改为“明知”并不意味着可以无视共同犯罪基本原理，摒弃共同犯意这一共同犯罪成立的主观要件，办案时，对于行为人之间有无意思联络应当作出准确的审查判断。

对于如何审查判断行为人是否“明知他人实施‘套路贷’犯罪”，《意见》第五条第三款规定：“应当结合行为人的认知能力、既往经历、行为次数和手段、与同案人、被害人的关系、获利情况、是否曾因‘套路贷’受过处罚、是否故意规避查处等主客观因素综合分析认定。”在实践中，对“明知”作出判断需要基于一定的事实基础，指向行为人主观“明知”的因素越多、指向性越强，司法工作人员也就越能作出准确判断。因此，对于前述认定“明知”的考量因素，应当准确理解、通盘考虑、综合评定，不能“只看一点、不及其余”，要切实防止认定范围不当扩大。

（三）关于“套路贷”犯罪数额的认定

《意见》第六条对“套路贷”犯罪数额认定进行了说明。由于“套路贷”假借民间借贷之名行非法占有之实，其非法占有被害人的财物多以“利息”“保证金”等名目混淆视听。在办理“套路贷”刑事案件时，要牢牢把握“套路贷”的本质是以非法占有为目的而实施的违法犯罪，不能适用民间借贷法律关系，也不可能产生合法收入。因此，除犯罪嫌疑人、被告人实际给付被害人的本金数额之外，“虚高债务”和以“利息”“保证金”“中介费”“服务费”“违约金”等名目被非法占有的财物，均应计入犯罪数额。《意见》基于以上分析，在吸收《指导意见》有关规定的基础上，进一步提出了“从整体上予以否定性评价”的“套路贷”犯罪数额认定原则，并分别明确了计入“套路贷”犯罪数额的对象范围。此外，《意见》第六条第三款还根据《关于办理诈骗刑事案件具体应用法律若干问题的解释》（法释〔2011〕7号）等有关司法解释、规范性文件规定的数额犯犯罪未遂认定及处罚方法，明确了“套路贷”犯罪未遂的认定以及既未遂情形并存时应如何处罚的问题。

（四）关于“套路贷”刑事案件中的涉案财产处置

根据刑法第六十四条以及有关司法解释、规范性文件的规定，《意见》第七条中明确了“套路贷”犯罪违法所得财物的追缴或者责令退赔、被害人合法财产的返还以及为实施“套路贷”而交付给被害人本金的处置等问题。其中，根据刑法规定，“为实施‘套路贷’而交付给被害人的本金”属于犯罪所用之物，应予没收。但从司法实践来看，在被害人自身损失没有得到补偿的情况下，直接让被害人退出犯罪嫌疑人、被告人先前为实施“套路贷”而交付的本金，显然有悖常理常情，相关裁判也难以得到有效执行。为便于办案一线操作，《意见》规定，有证据证明是犯罪嫌疑人、被告人为实施“套路贷”而交付给被害人的本金，赔偿被害人损失后如有剩余，应依法予以没收。

（五）关于“套路贷”犯罪的量刑情节

《意见》第八条秉持有关司法解释、规范性文件的一贯精神，明确对以社会弱势群体为对象实施，以及造成后果的“套路贷”犯罪酌情从重处罚。在强调依法从严惩处“套路贷”犯罪的同时，《意见》还坚持贯彻宽严相济的刑事政策，明确对于认罪认罚、积极退赃、真诚悔罪或者具有其他法定、酌定从轻处罚情节的被告人，可以依法从宽处罚，鼓励被告人认罪伏法、退赔退赃，确保案件的裁判效果。

（六）关于“套路贷”犯罪集团和涉“套路贷”黑恶势力的认定

实践中，“套路贷”是一些黑恶势力常用的犯罪手段，经常会出现“套路贷”犯罪与黑恶势力犯罪之间相互交织的情形。一方面，“套路贷”犯罪获利快、收益高，所采用的“套路”易于复制，容易被黑恶势力利用，用以聚敛财富。另一方面，一些“套路贷”犯罪分子正在逐渐采用公司化模式有组织地实施犯罪，加上常常借助暴力、威胁的方式“讨债”，如果任其肆意发展，很容易蜕变为黑恶势力。正因为“套路贷”犯罪与黑恶势力犯罪之间客观上存在关联，所以《意见》才作为扫黑除恶专项斗争系列规范性文件出台，目的就是准确甄别、依法严惩“套路贷”犯罪，及时铲除黑恶势力犯罪滋生蔓延的土壤。但是，我们要认识到“套路贷”犯罪并不必然就是黑恶势力犯罪，不能因为二者存在关联就简单地在“套路贷”犯罪与黑恶势力犯罪之间画等号。首先，从犯罪主体上看，“套路贷”犯罪可以是黑恶势力实施，也可以是普通的个人、团伙或者犯罪集团实施。只有实施“套路贷”犯罪的行为人同时具备黑恶势力特征的，才能认定为黑恶势力。反之，即使有的团伙、人员实施了“套路贷”犯罪，只要黑恶势力特征不齐备，不完全符合黑恶势力认定标准，就不能认定为黑恶势力。其次，从犯罪目的上看，黑恶势力犯罪意图多元化，既包括聚敛财富，也包括形成非法秩序、非法影响力。而一般“套路贷”犯罪的目的就是侵财，虽然在实现该犯罪目的的过程中，时常会伴随发生其他违法犯罪活动，但是这些活动都是围绕侵财目的实施的，具有附属性。为准确界分“套路贷”犯罪与涉“套路贷”黑恶势力犯罪，《意见》在第十条第一款规定“套路贷”犯罪集团认定条件、处罚原则的基础上，在第二款明确要求对符合黑恶势力认定标准的“套路贷”犯罪，应当按照黑社会性质组织、恶势力或者恶势力犯罪集团侦查、起诉、审判。

四、关于“套路贷”刑事案件的管辖问题

目前，“套路贷”犯罪往往具有被害人多、涉及范围广、各犯罪环节实施地点分散等特点。为解决实践出现的新问题，《意见》第十一条、第十二条严格依照刑事诉讼法有关规定，本着有利于查清犯罪事实，有利于诉讼的原则，对“套路贷”刑事案件管辖和并案侦查作出针对性规定，较为全面地列举了“套路贷”犯罪的“犯罪行为发生地”和“犯罪结果发生地”，并明确在一人犯数罪、共同犯罪等四类情形下，有关公安机关可以在其职责范围内并案侦查，为公正、高效执法办案提供了保障。对于涉“套路贷”黑恶势力犯罪，考虑到“套路贷”通常只是黑恶势力犯罪事实中的一个部分，为确保黑恶势力犯罪案件办理的完整性、全面性，《意见》规定此类案件由侦办黑社会性质组织、恶势力或者恶势力犯罪集团案件的公安机关进行侦查。此外，《意见》还明确公民扭送、报案、控告、举报“套路贷”犯罪的，公安机关都应当立即受理，经审查认为有犯罪事实的，依照管辖的规定处理或移送，确保人民群众能够在第一时间得到司法保障。

最高人民法院
关于废止部分司法解释（第十三批）的决定

法释〔2019〕11号

（2019年5月13日最高人民法院审判委员会第1768次会议通过
2019年7月8日最高人民法院公告公布
自2019年7月20日起施行）

为适应形势发展变化，保证国家法律统一正确适用，根据有关法律规定和审判实际需要，现决定废止103件司法解释（目录附后）。废止的司法解释自本决定施行之日起不再适用，但此前依据这些司法解释对有关案件作出的判

决、裁定仍然有效。

本决定自2019年7月20日起施行。

附：

最高人民法院决定废止的部分司法解释的目录（第十三批）

序号	标题	发文日期和文号	理由
1	最高人民法院关于判决书的原本正本抄本如何区别问题的批复	1957年9月13日	社会形势发生变化，不再适用。
2	最高人民法院信访处接待来访工作细则	1980年6月20日	最高人民法院信访处已取消，实际已失效。
3	最高人民法院关于试行法院诉讼文书样式的通知	1992年6月20日 法发〔1992〕18号	已被《最高人民法院关于印发〈法院刑事诉讼文书样式〉（样本）的通知》《行政诉讼文书样式（试行）》《最高人民法院关于印发〈人民法院民事裁判文书制作规范〉〈民事诉讼文书样式〉的通知》代替。
4	最高人民法院关于《法院诉讼文书样式（试行）》若干问题的解答	1993年4月21日 法办发〔1993〕3号	已被《最高人民法院关于印发〈法院刑事诉讼文书样式〉（样本）的通知》《行政诉讼文书样式（试行）》《最高人民法院关于印发〈人民法院民事裁判文书制作规范〉〈民事诉讼文书样式〉的通知》代替。

序号	标题	发文日期和文号	理由
5	最高人民法院关于充分发挥审判职能作用，保障和促进全民所有制工业企业转换经营机制的通知	1993年8月6日 法发〔1993〕13号	社会形势发生变化，不再适用。
6	最高人民法院印发《关于人民法院立案工作的暂行规定》的通知 附：最高人民法院关于人民法院立案工作的暂行规定	1997年4月21日 法发〔1997〕7号	已被《最高人民法院关于人民法院登记立案若干问题的规定》代替。
7	最高人民法院关于承认和执行外国仲裁裁决收费及审查期限问题的规定	1998年11月14日 法释〔1998〕28号	民事诉讼法、《诉讼费用交纳办法》已规定。
8	最高人民法院关于人民法院在互联网公布裁判文书的规定	2013年11月21日 法释〔2013〕26号	已被《最高人民法院关于人民法院在互联网公布裁判文书的规定》代替。
9	最高人民法院关于人民法院大力支持税收征管工作的通知	1989年11月4日 法(行)发〔1989〕31号	与刑事诉讼法、行政诉讼法冲突。
10	最高人民法院关于人民法院审理行政案件对缺乏法律和法规依据的规章的规定应如何参照问题的答复	1994年1月13日 法行复字〔1993〕第5号	依据已被《公路安全保护条例》废止，不再适用。
11	最高人民法院关于行政机关根据法院的协助执行通知书实施的行政行为是否属于人民法院行政诉讼受案范围的批复	2004年7月13日 法释〔2004〕6号	已被《最高人民法院关于适用〈中华人民共和国行政诉讼法〉的解释》代替。
12	最高人民法院关于行政案件管辖若干问题的规定	2008年1月14日 法释〔2008〕1号	行政诉讼法及相关司法解释已规定。

序号	标题	发文日期和文号	理由
13	最高人民法院关于公路路政管理机构行政主体资格及有关法律适用问题的答复	1995年1月15日〔1994〕行复字第4号	依据已被《公路安全保护条例》废止，不再适用。
14	最高人民法院行政审判庭关于对公安机关采取监视居住行为不服提起诉讼法院应否受理问题的电话答复	1991年5月25日	刑事诉讼法已规定。
15	最高人民法院关于在同一事实中对同一当事人，行政机关同时作出限制人身自由和扣押财产两种具体行政行为，当事人依法向其住所地法院起诉，受诉法院是否可以合并审理问题的答复	1993年7月9日〔93〕行他16号	已被《最高人民法院关于适用〈中华人民共和国行政诉讼法〉的解释》代替。
16	最高人民法院关于当事人达不成拆迁补偿安置协议就补偿安置争议提起民事诉讼人民法院应否受理问题的批复	2005年8月1日法释〔2005〕9号	依据已被《国有土地上房屋征收与补偿条例》废止，不再适用。
17	最高人民法院行政审判庭关于税务行政案件起诉期限问题的电话答复	1990年12月27日	依据已被税收征收管理法代替，不再适用。
18	最高人民法院办公厅关于转发《国务院办公厅关于征收水资源费有关问题的通知》的通知 附：国务院办公厅关于征收水资源费有关问题的通知（1995年4月25日）	1995年5月10日法办发〔1995〕1号	转发的通知已被废止，不再适用。
19	最高人民法院关于对行政侵权赔偿案件执行中有关问题的复函	1993年6月16日法函〔1993〕51号	国家赔偿法已规定。

序号	标题	发文日期和文号	理由
20	最高人民法院关于对因政府调整划转企业国有资产引起的纠纷是否受理问题的批复	1996 年 4 月 2 日 法复〔1996〕4 号	社会形势发生变化，不再适用。
21	最高人民法院关于公安机关不履行法定行政职责是否承担行政赔偿责任问题的批复	2001 年 7 月 17 日 法释〔2001〕23 号	已被《最高人民法院关于适用〈中华人民共和国行政诉讼法〉的解释》代替。
22	最高人民法院关于印发《最高人民法院审判委员会工作规则》的通知 附：最高人民法院审判委员会工作规则	1993 年 9 月 11 日 法发〔1993〕23 号	已被《最高人民法院关于印发〈关于改革和完善人民法院审判委员会制度的实施意见〉的通知》代替。
23	最高人民法院关于人民法院相互办理委托事项的规定	1993 年 9 月 25 日 法发〔1993〕26 号	已被《最高人民法院关于适用〈中华人民共和国民事诉讼法〉的解释》代替。
24	最高人民法院关于印发《中华人民共和国人民法院法庭规则》的通知 附：中华人民共和国人民法院法庭规则	1993 年 12 月 1 日 法发〔1993〕40 号	已被《最高人民法院关于修改〈中华人民共和国人民法院法庭规则〉的决定》修正。
25	最高人民法院关于人民检察院对行政诉讼进行法律监督具体程序问题请示的答复	1991 年 8 月 19 日 法（行）函〔1991〕91 号	已被《最高人民法院关于适用〈中华人民共和国行政诉讼法〉的解释》代替。
26	最高人民法院关于对医疗事故争议案件人民法院应否受理的复函	1989 年 10 月 10 日 法（行）函〔1989〕63 号	依据已被废止，不再适用。

序号	标题	发文日期和文号	理由
27	最高人民法院关于管制犯在管制期间又犯新罪被判处拘役或有期徒刑应如何执行的问题的批复	1981年7月27日〔1981〕法研字第18号	刑法已作规定。
28	最高人民法院研究室关于有期徒刑罪犯减刑后又改判应如何确定执行刑期问题的答复	1994年6月14日	已被《最高人民法院关于办理减刑、假释案件具体应用法律的规定》代替。
29	最高人民法院研究室关于原判有期徒刑的罪犯被裁定减刑后又经再审改判为无期徒刑应如何确定执行刑期问题的答复	1995年12月25日	已被《最高人民法院关于办理减刑、假释案件具体应用法律的规定》代替。
30	最高人民法院研究室关于对拘役犯在缓刑期间发现其隐瞒余罪判处有期徒刑应如何执行问题的电话答复	1984年9月17日	刑法已作规定。
31	最高人民法院研究室关于被判处拘役缓刑的罪犯在考验期内又犯新罪应如何执行问题的电话答复	1988年3月24日	与刑法冲突。
32	最高人民法院关于对无期徒刑犯减刑后原审法院发现原判决确有错误予以改判，原减刑裁定应否撤销问题的批复	1989年1月3日法（研）复〔1989〕2号	已被《最高人民法院关于办理减刑、假释案件具体应用法律的规定》代替。

序号	标题	发文日期和文号	理由
33	最高人民法院研究室关于有期徒刑犯减刑后又改判的原减刑裁定撤销后应如何办理减刑手续问题的电话答复	1990 年 4 月 5 日	已被《最高人民法院关于办理减刑、假释案件具体应用法律的规定》代替。
34	最高人民法院研究室关于原判无期徒刑的罪犯经减刑后又改判应如何处理减刑问题的电话答复	1992 年 1 月 20 日	已被《最高人民法院关于办理减刑、假释案件具体应用法律的规定》代替。
35	最高人民法院研究室关于死缓犯和无期徒刑犯经几次减刑后又改判原减刑裁定是否均应撤销问题的电话答复	1992 年 4 月 1 日	已被《最高人民法院关于办理减刑、假释案件具体应用法律的规定》代替。
36	最高人民法院关于办理减刑、假释案件具体应用法律若干问题的规定	2012 年 1 月 17 日 法释〔2012〕2 号	已被《最高人民法院关于办理减刑、假释案件具体应用法律的规定》代替。
37	最高人民法院关于劳动教养日期可否折抵刑期问题的批复	1981 年 7 月 6 日 〔1981〕法研字第 14 号	劳动教养制度已废除，不再适用。
38	最高人民法院研究室关于行政拘留日期折抵刑期问题的电话答复	1988 年 2 月 23 日	行政处罚法已规定。
39	最高人民法院研究室关于对诈骗后抵债的赃款能否判决追缴问题的电话答复	1992 年 8 月 26 日	已被《最高人民法院、最高人民检察院关于办理诈骗刑事案件具体应用法律问题若干问题的解释》《最高人民法院关于刑事裁判涉财产部分执行的若干规定》代替。

序号	标题	发文日期和文号	理由
40	最高人民法院关于农村合作基金会从业人员犯罪如何定性问题的批复	2000 年 5 月 8 日 法释〔2000〕10 号	农村合作基金会已被国务院取消，不再适用。
41	最高人民法院研究室关于军事法院判处的重婚案件其非法婚姻部分由谁判决问题的电话答复	1980 年 11 月 27 日	婚姻法已规定。
42	最高人民法院研究室关于利用职务上的便利条件窃取技术资料转让获利是否构成犯罪问题的电话答复	1992 年 5 月 19 日	与刑法冲突。
43	最高人民法院研究室关于对重大责任事故和玩忽职守案件造成经济损失需追究刑事责任的数额标准应否做出规定问题的电话答复	1987 年 10 月 20 日	已被《最高人民法院、最高人民检察院关于办理危害生产安全刑事案件适用法律若干问题的解释》《最高人民法院、最高人民检察院关于办理渎职刑事案件适用法律若干问题的解释（一）》代替。
44	最高人民法院关于未被公安机关正式录用的人员、狱医能否构成失职致使在押人员脱逃罪主体问题的批复	2000 年 9 月 19 日 法释〔2000〕28 号	《全国人民代表大会常务委员会关于〈中华人民共和国刑法〉第九章渎职罪主体适用问题的解释》已规定。
45	最高人民法院关于人民法院应否受理当事人不服治安管理处罚而提起的刑事自诉问题的批复	1993 年 9 月 3 日 法复〔1993〕8 号	已被《最高人民法院关于适用〈中华人民共和国刑事诉讼法〉的解释》代替。

序号	标题	发文日期和文号	理由
46	最高人民法院研究室关于铁路运输高级法院撤销以后刑事申诉案件管辖问题的电话答复	1989 年 1 月 7 日	已被《最高人民法院关于适用〈中华人民共和国刑事诉讼法〉的解释》代替。
47	最高人民法院关于第二审人民法院审理死刑案件被告人没有委托辩护人的是否应为其指定辩护人问题的批复	1997 年 11 月 12 日 法释〔1997〕7 号	已被《最高人民法院关于适用〈中华人民共和国刑事诉讼法〉的解释》代替。
48	最高人民法院研究室关于判处死刑缓期二年执行的附带民事诉讼案件制作法律文书有关问题的答复	1993 年 8 月 12 日 法明传〔1993〕251 号	已被《最高人民法院关于印发〈法院刑事诉讼文书样式〉（样本）的通知》代替。
49	最高人民法院研究室关于刑事第二审案件如何确定审判时限问题的电话答复	1990 年 12 月 30 日	与刑事诉讼法冲突。
50	最高人民法院关于刑事第二审判决改变第一审判决认定的罪名后能否加重附加刑的批复	2008 年 6 月 6 日 法释〔2008〕8 号	已被《最高人民法院关于适用〈中华人民共和国刑事诉讼法〉的解释》代替。
51	最高人民法院关于贯彻执行民事政策法律若干问题的意见	1984 年 8 月 30 日	社会形势发生变化，不再适用。
52	最高人民法院关于确认和处理无效经济合同适用何种法律文书问题的批复	1990 年 1 月 20 日 法（经）复〔1990〕2 号	社会形势发生变化，不再适用。

序号	标题	发文日期和文号	理由
53	最高人民法院关于对注册资金投入未达到法规规定最低限额的企业法人签订的经济合同效力如何确认问题的批复	1997年2月25日 法复〔1997〕2号	与公司法冲突。
54	最高人民法院关于依据何种标准计算电话费滞纳金问题的批复	1998年12月29日 法释〔1998〕31号	依据已被废止，不再适用。
55	最高人民法院关于如何确认公民与企业之间借贷行为效力问题的批复	1999年2月9日 法释〔1999〕3号	已被《最高人民法院关于审理民间借贷案件适用法律若干问题的规定》代替。
56	最高人民法院关于国家机关能否作经济合同的保证人及担保条款无效时经济合同是否有效问题的批复	1988年10月4日 法(研)复〔1988〕39号	合同法、担保法已规定。
57	最高人民法院关于适用婚姻法问题的通知	1981年2月21日 〔81〕法民字第4号	社会形势发生变化，不再适用。
58	最高人民法院关于对适用婚姻法问题的通知的请示的复函	1981年4月13日 〔81〕法民字第5号	社会形势发生变化，不再适用。
59	最高人民法院关于债务人有多个债权人而将其全部财产抵押给其中一个债权人是否有效问题的批复	1994年3月26日 法复〔1994〕2号	与合同法、物权法冲突。
60	最高人民法院关于胡拴毛诉梁宝堂索要信息费一案的复函	1990年11月19日 〔1990〕民他字第31号	依据已被废止，不再适用。

序号	标题	发文日期和文号	理由
61	最高人民法院关于如何确定借款合同履行地问题的批复	1993 年 11 月 17 日 法复〔1993〕10 号	已被《最高人民法院关于审理民间借贷案件适用法律若干问题的规定》代替。
62	最高人民法院关于企业相互借贷的合同出借方尚未取得约定利息人民法院应当如何裁决问题的解答	1996 年 3 月 25 日 法复〔1996〕2 号	与《最高人民法院关于审理民间借贷案件适用法律若干问题的规定》冲突。
63	最高人民法院关于购销合同履行地的特殊约定问题的批复	1990 年 8 月 19 日 法(经)复〔1990〕11 号	依据已被废止，不再适用。
64	最高人民法院关于同意指定青岛市中级人民法院为审理专利纠纷案件第一审法院问题的批复	1988 年 5 月 14 日 法(经)复〔1988〕22 号	已被《最高人民法院关于同意杭州市、宁波市、合肥市、福州市、济南市、青岛市中级人民法院内设专门审判机构并跨区域管辖部分知识产权案件的批复》代替。
65	最高人民法院关于在经济审判工作中严格执行《中华人民共和国民事诉讼法》的若干规定	1994 年 12 月 22 日 法发〔1994〕29 号	已被《最高人民法院关于适用〈中华人民共和国民事诉讼法〉的解释》代替。
66	最高人民法院关于民事经济审判方式改革问题的若干规定	1998 年 7 月 6 日 法释〔1998〕14 号	已被《最高人民法院关于适用〈中华人民共和国民事诉讼法〉的解释》代替。
67	最高人民法院关于湖南省供销社等单位与省肉食水产公司房屋纠纷一案应否受理的复函	1990 年 3 月 6 日 〔89〕民监字第 600 号	已被《最高人民法院关于适用〈中华人民共和国民事诉讼法〉的解释》代替。

序号	标题	发文日期和文号	理由
68	最高人民法院关于民事诉讼当事人因证据不足撤诉后在诉讼时效内再次起诉人民法院应否受理问题的批复	1990 年 3 月 10 日 法（民）复〔1990〕3 号	已被《最高人民法院关于适用〈中华人民共和国民事诉讼法〉的解释》代替。
69	最高人民法院关于当事人对医疗事故鉴定结论有异议又不申请重新鉴定而以要求医疗单位赔偿经济损失为由向人民法院起诉的案件应否受理问题的复函	1990 年 11 月 7 日〔1990〕民他字第 44 号	依据已失效，民事诉讼法已规定。
70	最高人民法院关于企业经营者依企业承包经营合同要求保护其合法权益的起诉人民法院应否受理的批复	1991 年 8 月 13 日 法（经）复〔1991〕4 号	已被《最高人民法院关于适用〈中华人民共和国民事诉讼法〉的解释》代替。
71	最高人民法院关于广东省高要县百货公司南岸批发部和高要县百货公司诉广西壮族自治区凤凰华侨农工商服务公司柳州办事处和湖南省工矿民族贸易公司购销青苎麻合同货款纠纷案与湖南省工矿民族贸易公司诉湖南省工商行政管理局行政处理决定案重复受理应如何处理的复函	1993 年 5 月 22 日 法经〔1993〕85 号	社会形势发生变化，不再适用。
72	最高人民法院关于受理房屋拆迁、补偿、安置等案件问题的批复	1996 年 7 月 24 日 法复〔1996〕12 号	行政诉讼法和《国有土地上房屋征收与补偿条例》已规定。

序号	标题	发文日期和文号	理由
73	最高人民法院关于人民检察院对民事调解书提出抗诉人民法院应否受理问题的批复	1999年2月9日 法释〔1999〕4号	民事诉讼法已规定。
74	最高人民法院关于人民法院是否受理因邮电部门电报稽延纠纷提起诉讼问题的批复	1999年6月9日 法释〔1999〕11号	已被《最高人民法院关于人民法院登记立案若干问题的规定》代替。
75	最高人民法院关于合同转让后如何确定合同签订地的批复	1986年10月30日 法(经)复〔1986〕30号	依据已失效，且已被《最高人民法院关于适用〈中华人民共和国民事诉讼法〉的解释》代替。
76	最高人民法院关于中国人民解放军和武警部队向地方开放的医疗单位发生的医疗赔偿纠纷由有管辖权的人民法院受理的复函	1990年6月4日 〔1990〕民他字第15号	已被《最高人民法院关于适用〈中华人民共和国民事诉讼法〉的解释》和《最高人民法院关于军事法院管辖民事案件若干问题的规定》代替。
77	最高人民法院关于合同双方当事人协议约定发生纠纷各自可向所在地人民法院起诉如何确定管辖问题的复函	1994年11月27日 法经〔1994〕307号	民事诉讼法已规定。
78	最高人民法院关于珠海市东兴房产综合开发公司与珠海经济特区侨辉房产公司、中国农村发展信托投资公司浙江办事处合作经营房地产合同纠纷案管辖问题的通知	1995年11月9日 法函〔1995〕143号	已被《最高人民法院关于适用〈中华人民共和国民事诉讼法〉的解释》代替。

序号	标题	发文日期和文号	理由
79	最高人民法院关于当事人在合同中协议选择管辖法院问题的复函	1995 年 12 月 7 日 法函〔1995〕157 号	与《最高人民法院关于适用〈中华人民共和国民事诉讼法〉的解释》冲突。
80	最高人民法院关于适用法发〔1996〕28 号司法解释问题的批复	1998 年 2 月 13 日 法释〔1998〕3 号	依据已失效，不再适用。
81	最高人民法院关于对被监禁或被劳动教养的人提起的民事诉讼如何确定案件管辖问题的批复	2010 年 12 月 9 日 法释〔2010〕16 号	民事诉讼法已规定。
82	最高人民法院关于人民法院的审判人员可否担任民事案件当事人的委托代理人的批复	1984 年 1 月 11 日〔1983〕民他字第 37 号	已被《关于审判人员在诉讼活动中执行回避制度若干问题的规定》代替。
83	最高人民法院关于双方不服政府对山林纠纷的处理决定向人民法院起诉应将谁列为被告问题的批复	1986 年 11 月 7 日〔86〕民他字第 46 号	社会形势发生变化，不再适用。
84	最高人民法院关于经商检局检验出口的商品被退回应否将商检局列为经济合同质量纠纷案件当事人问题的批复	1998 年 6 月 23 日 法释〔1998〕12 号	社会形势发生变化，不再适用。
85	最高人民法院关于计算机软件著作权纠纷中外籍当事人应否委托中国律师代理诉讼问题的答复	1995 年 1 月 2 日〔1994〕民他字第 29 号	已被《最高人民法院关于适用〈中华人民共和国民事诉讼法〉的解释》代替。

序号	标题	发文日期和文号	理由
86	最高人民法院关于未经对方当事人同意私自录制其谈话取得的资料不能作为证据使用的批复	1995年3月6日 法复〔1995〕2号	民事诉讼法已规定。
87	最高人民法院关于印发《经济纠纷案件适用简易程序开庭审理的若干规定》的通知附：经济纠纷案件适用简易程序开庭审理的若干规定	1993年11月16日 法发〔1993〕35号	已被《最高人民法院关于适用〈中华人民共和国民事诉讼法〉的解释》代替。
88	最高人民法院关于印发《第一审经济纠纷案件适用普通程序开庭审理的若干规定》的通知附：第一审经济纠纷案件适用普通程序开庭审理的若干规定	1993年11月16日 法发〔1993〕34号	已被《最高人民法院关于适用〈中华人民共和国民事诉讼法〉的解释》代替。
89	最高人民法院关于民事调解书确有错误当事人没有申请再审的案件人民法院可否再审问题的批复	1993年3月8日 〔1993〕民他字第1号	民事诉讼法已规定。
90	最高人民法院关于民事损害赔偿案件当事人的再审申请超出原审诉讼请求人民法院是否应当再审问题的批复	2002年7月18日 法释〔2002〕19号	已被《最高人民法院关于适用〈中华人民共和国民事诉讼法〉的解释》代替。
91	最高人民法院关于人民法院对民事案件发回重审和指令再审有关问题的规定	2002年7月31日 法释〔2002〕24号	已被《最高人民法院关于民事审判监督程序严格依法适用指令再审和发回重审若干问题的规定》代替。

序号	标题	发文日期和文号	理由
92	最高人民法院关于审理涉及人民调解协议的民事案件的若干规定	2002年9月16日 法释〔2002〕29号	已被《最高人民法院关于人民调解协议司法确认程序的若干规定》代替。
93	最高人民法院关于审判监督程序中，上级人民法院对下级人民法院已经发生法律效力的判决、裁定，何时裁定中止执行和中止执行的裁定由谁署名问题的批复	1985年7月9日 法（民）复〔1985〕41号	已被《最高人民法院关于适用〈中华人民共和国民事诉讼法〉的解释》代替。
94	最高人民法院关于在执行经济纠纷案件中严禁违法拘留人的通知	1992年8月29日 法发〔1992〕25号	已被《最高人民法院关于人民法院执行工作若干问题的规定（试行）》《最高人民法院关于适用〈中华人民共和国民事诉讼法〉的解释》代替。
95	最高人民法院关于坚决纠正和制止以扣押人质方式解决经济纠纷的通知	1994年10月28日 法〔1994〕130号	已被《最高人民法院关于人民法院执行工作若干问题的规定（试行）》《最高人民法院关于适用〈中华人民共和国民事诉讼法〉的解释》代替。
96	最高人民法院关于在审理经济合同纠纷案件中发现一方当事人利用签订经济合同进行诈骗的，人民法院可否直接追缴被骗钱物问题的复函	1994年3月26日 法函〔1994〕16号	已被《关于办理诈骗刑事案件具体应用法律问题若干问题的解释》《最高人民法院关于刑事裁判涉财产部分执行的若干规定》代替。
97	最高人民法院关于人民法院依法有权查询、冻结和扣划邮政储蓄存款问题的批复	1996年2月29日 法复〔1996〕1号	依据已被修改，已被《最高人民法院关于适用〈中华人民共和国民事诉讼法〉的解释》代替。

序号	标题	发文日期和文号	理由
98	最高人民法院关于必须严格控制对被执行人采取拘捕措施的通知	1996年10月9日 法〔1996〕96号	已被《最高人民法院关于人民法院执行工作若干问题的规定（试行）》《最高人民法院关于适用〈中华人民共和国民事诉讼法〉的解释》《最高人民法院关于审理拒不执行判决、裁定刑事案件适用法律若干问题的解释》代替。
99	最高人民法院关于当事人对具有强制执行效力的公证债权文书的内容有争议提起诉讼人民法院是否受理问题的批复	2008年12月22日 法释〔2008〕17号	已被《最高人民法院关于公证债权文书执行若干问题的规定》代替。
100	最高人民法院关于中、日两国之间委托送达法律文书使用送达回证问题的通知	1982年10月12日 〔82〕法研字第11号	中国和日本均已经加入海牙送达公约，不再适用。
101	最高人民法院关于中国留学生在留学期间如何在人民法院进行离婚诉讼问题的函	1989年6月3日 法民〔89〕13号	民事诉讼法和婚姻法已规定。
102	最高人民法院关于当事人对按自动撤回上诉处理的裁定不服申请再审人民法院应如何处理问题的批复	2002年7月19日 法释〔2002〕20号	与《最高人民法院关于适用〈中华人民共和国民事诉讼法〉的解释》冲突。
103	最高人民法院关于人民法院裁定撤销仲裁裁决或驳回当事人申请后当事人能否上诉问题的批复	1997年4月23日 法复〔1997〕5号	已被《最高人民法院关于适用〈中华人民共和国民事诉讼法〉的解释》代替。

主动清理　及时修改
确保法律统一有效实施

——最高人民法院研究室有关负责人就
司法解释全面清理工作答记者问

日前，最高人民法院开展司法解释全面清理工作。经最高人民法院审判委员会第1768次会议审议通过，形成了《最高人民法院关于废止部分司法解释（第十三批）的决定》，提出了废止司法解释103件。最高人民法院研究室有关负责人就此次司法解释全面清理工作相关情况回答了记者提问。

问：这是最高人民法院第二次对司法解释进行全面清理，请问司法解释全面清理的具体程序是怎样的？

答：此次司法解释全面清理工作是我院继2011年司法解释集中清理工作后的又一次全面集中清理工作。2018年，周强院长主持召开审判委员会第1744次会议审议时强调，“要积极推进司法解释清理工作，由研究室牵头，各部门负责，对不符合社会主义核心价值观、不符合改革开放新形势和新发展理念的司法解释，要主动清理、及时修改；在新的法律或司法解释出台后，要对之前的司法解释及时清理，该废则废，当改则改，并做好编纂工作。”根据我院司法解释工作规定，司法解释制定、修改、废止的程序都有明确规范的程序，要经过立项、征求意见以及审判委员会讨论等程序。此次司法解释清理工作，我们根据审委会要求，成立了研究室牵头，各审判业务部门参加的司法解释清理工作小组。清理小组由相关院领导总负责，研究室主任姜启波同志负责统筹协调。2018年7月，各审判业务部门根据“谁制定，谁清理”原则，按分工分别提出清理意见。2019年4月，按照工作方案，三次组织召开由相关业务部门负责人和主审法官参加的座谈会，对拟废止司法解释进行了逐一甄别讨论。根据会议讨论意见，形成了拟废止、修改以及保留的司法解释目录。对所有司法解释的清理意见经过我院审判委员会讨论通过后形成司法解释废止目录正式对外公布。

问：此次司法解释清理工作是如何贯彻平等保护民营企业这一重要理念的？

答：加强产权司法保护，依法平等保护民营企业和企业家合法权益是当前和今后一段时期人民法院的重要工作任务。深化落实依法全面平等保护的司法理念，首先就要完善法律适用规则体系，甄别清理对民营经济保护不平等的规范，及时进行修改或者废止。在2019年5月31日召开的民营企业家座谈会上，周强院长着重强调，对司法解释进行全面清理，对涉及民营企业的不平等规定一律予以废止。

在此次全面清理工作中，我们坚决贯彻平等保护的理念，对司法解释进行逐一甄别研究。经过严格把关，我们发现，最高人民法院制定的司法解释是严格依照法律作出的解释，绝大多数符合依法平等保护市场各类主体的原则，符合保护民营经济的基本要求。通过认真梳理，反复研究，我们也发现极个别司法解释条文由于受当时法律或政策影响，存在不完善的情形。

通过清理，我们废止了《关于在执行经济纠纷案件中严禁违法拘留人的通知》《坚决纠正和制止以扣押人质方式解决经济纠纷的通知》。这两个《通知》在当时具有积极作用，纠正了当时不严格依照民事诉讼法规定拘留被执行人的问题，但此后最高人民法院又颁布更为严格的禁止在民事诉讼中限制人身自由的司法解释，对拘留规定了更为严格的适用情形和程序，如《最高人民法院关于人民法院执行工作若干问题的规定（试行）》《最高人民法院关于适用〈中华人民共和国民事诉讼法〉的解释》，依法对民事诉讼债务人的人身自由提供更加严格的保护，所以废止了上述两件司法解释。

再如，废止《最高人民法院关于对注册资金投入未达到法规规定最低限额的企业法人签订的经济合同效力如何确认问题的批复》。因为认缴资本制公司法已有规定，这个司法解释与现行公司法规定不一致，废止这一批复有利于消除和减少民营企业发展的政策阻碍，提升其投资和创业的积极性。

还有，2001年为配合深化金融改革的战略决策制定了《最高人民法院关于审理涉及金融资产管理公司收购、管理、处置国有银行不良贷款形成的资产的案件适用法律若干问题的规定》，其中有关诉讼保全的担保、公告等内容有其特殊的历史背景，为了确立市场化、法治化的不良资产处置程序，平等保护民营企业的合法权益，我们决定对这个司法解释进行修订。

问：下一步，最高法院对司法解释清理和修订工作有什么计划安排？

答：此次清理提出废止的司法解释多以批复、个案答复为主，“解释”“规定”类司法解释整体废止的比较少。有些体系性的司法解释存在部分需要废止、部分仍须保留的问题，今后还有必要对这些司法解释进行修订。

司法解释规范化是一个动态过程，司法解释清理工作也不能毕其功于一役。今后，我院将进一步健全稳定的司法解释清理工作机制：一是常态清理机制。新的司法解释出台后，要及时对以前的司法解释进行清理，特别是对一些常用的、基本的司法解释，该废则废，当改则改，要做到清理及时到位。二是定期清理机制。为防止司法解释与新颁布的法律以及司法解释之间适用过程中出现不统一甚至冲突的问题，今后我院将会建立对现行有效司法解释进行定期清理的工作机制。随着民法典各分编的颁布施行，我们将对标民法典条文内容，及时对民事类司法解释进行全面清理。

人民检察院检察建议工作规定

（2019 年 2 月 26 日）

第一章　总　则

第一条　为了进一步加强和规范检察建议工作，确保检察建议的质量和效果，充分发挥检察建议的作用，根据《中华人民共和国人民检察院组织法》等法律规定，结合检察工作实际，制定本规定。

第二条　检察建议是人民检察院依法履行法律监督职责，参与社会治理，维护司法公正，促进依法行政，预防和减少违法犯罪，保护国家利益和社会公共利益，维护个人和组织合法权益，保障法律统一正确实施的重要方式。

第三条 人民检察院可以直接向本院所办理案件的涉案单位、本级有关主管机关以及其他有关单位提出检察建议。

需要向涉案单位以外的上级有关主管机关提出检察建议的，应当层报被建议单位的同级人民检察院决定并提出检察建议，或者由办理案件的人民检察院制作检察建议书后，报被建议单位的同级人民检察院审核并转送被建议单位。

需要向下级有关单位提出检察建议的，应当指令对应的下级人民检察院提出检察建议。

需要向异地有关单位提出检察建议的，应当征求被建议单位所在地同级人民检察院意见。被建议单位所在地同级人民检察院提出不同意见，办理案件的人民检察院坚持认为应当提出检察建议的，层报共同的上级人民检察院决定。

第四条 提出检察建议，应当立足检察职能，结合司法办案工作，坚持严格依法、准确及时、必要审慎、注重实效的原则。

第五条 检察建议主要包括以下类型：

（一）再审检察建议；

（二）纠正违法检察建议；

（三）公益诉讼检察建议；

（四）社会治理检察建议；

（五）其他检察建议。

第六条 检察建议应当由检察官办案组或者检察官办理。

第七条 制发检察建议应当在统一业务应用系统中进行，实行以院名义统一编号、统一签发、全程留痕、全程监督。

第二章　适用范围

第八条 人民检察院发现同级人民法院已经发生法律效力的判决、裁定具有法律规定的应当再审情形的，或者发现调解书损害国家利益、社会公共利益的，可以向同级人民法院提出再审检察建议。

第九条 人民检察院在履行对诉讼活动的法律监督职责中发现有关执法、司法机关具有下列情形之一的，可以向有关执法、司法机关提出纠正违法检察建议：

（一）人民法院审判人员在民事、行政审判活动中存在违法行为的；

（二）人民法院在执行生效民事、行政判决、裁定、决定或者调解书、支付令、仲裁裁决书、公证债权文书等法律文书过程中存在违法执行、不执行、怠于执行等行为，或者有其他重大隐患的；

（三）人民检察院办理行政诉讼监督案件或者执行监督案件，发现行政机关有违反法律规定、可能影响人民法院公正审理和执行的行为的；

（四）公安机关、人民法院、监狱、社区矫正机构、强制医疗执行机构等在刑事诉讼活动中或者执行人民法院生效刑事判决、裁定、决定等法律文书过程中存在普遍性、倾向性违法问题，或者有其他重大隐患，需要引起重视予以解决的；

（五）诉讼活动中其他需要以检察建议形式纠正违法的情形。

第十条　人民检察院在履行职责中发现生态环境和资源保护、食品药品安全、国有财产保护、国有土地使用权出让等领域负有监督管理职责的行政机关违法行使职权或者不作为，致使国家利益或者社会公共利益受到侵害，符合法律规定的公益诉讼条件的，应当按照公益诉讼案件办理程序向行政机关提出督促依法履职的检察建议。

第十一条　人民检察院在办理案件中发现社会治理工作存在下列情形之一的，可以向有关单位和部门提出改进工作、完善治理的检察建议：

（一）涉案单位在预防违法犯罪方面制度不健全、不落实，管理不完善，存在违法犯罪隐患，需要及时消除的；

（二）一定时期某类违法犯罪案件多发、频发，或者已发生的案件暴露出明显的管理监督漏洞，需要督促行业主管部门加强和改进管理监督工作的；

（三）涉及一定群体的民间纠纷问题突出，可能导致发生群体性事件或者恶性案件，需要督促相关部门完善风险预警防范措施，加强调解疏导工作的；

（四）相关单位或者部门不依法及时履行职责，致使个人或者组织合法权益受到损害或者存在损害危险，需要及时整改消除的；

（五）需要给予有关涉案人员、责任人员或者组织行政处罚、政务处分、行业惩戒，或者需要追究有关责任人员的司法责任的；

（六）其他需要提出检察建议的情形。

第十二条　对执法、司法机关在诉讼活动中的违法情形，以及需要对被不起诉人给予行政处罚、处分或者需要没收其违法所得，法律、司法解释和其他有关规范性文件明确规定应当发出纠正违法通知书、检察意见书的，依照相关规定执行。

第三章 调查办理和督促落实

第十三条 检察官在履行职责中发现有应当依照本规定提出检察建议情形的，应当报经检察长决定，对相关事项进行调查核实，做到事实清楚、准确。

第十四条 检察官可以采取以下措施进行调查核实：

（一）查询、调取、复制相关证据材料；

（二）向当事人、有关知情人员或者其他相关人员了解情况；

（三）听取被建议单位意见；

（四）咨询专业人员、相关部门或者行业协会等对专门问题的意见；

（五）委托鉴定、评估、审计；

（六）现场走访、查验；

（七）查明事实所需要采取的其他措施。

进行调查核实，不得采取限制人身自由和查封、扣押、冻结财产等强制性措施。

第十五条 检察官一般应当在检察长作出决定后两个月以内完成检察建议事项的调查核实。情况紧急的，应当及时办结。

检察官调查核实完毕，应当制作调查终结报告，写明调查过程和认定的事实与证据，提出处理意见。认为需要提出检察建议的，应当起草检察建议书，一并报送检察长，由检察长或者检察委员会讨论决定是否提出检察建议。

经调查核实，查明相关单位不存在需要纠正或者整改的违法事实或者重大隐患，决定不提出检察建议的，检察官应当将调查终结报告连同相关材料订卷存档。

第十六条 检察建议书要阐明相关的事实和依据，提出的建议应当符合法律、法规及其他有关规定，明确具体、说理充分、论证严谨、语言简洁、有操作性。

检察建议书一般包括以下内容：

（一）案件或者问题的来源；

（二）依法认定的案件事实或者经调查核实的事实及其证据；

（三）存在的违法情形或者应当消除的隐患；

（四）建议的具体内容及所依据的法律、法规和有关文件等的规定；

（五）被建议单位提出异议的期限；

（六）被建议单位书面回复落实情况的期限；

（七）其他需要说明的事项。

第十七条 检察官依据本规定第十一条的规定起草的检察建议书，报送检察长前，应当送本院负责法律政策研究的部门对检察建议的必要性、合法性、说理性等进行审核。

检察建议书正式发出前，可以征求被建议单位的意见。

第十八条 检察建议书应当以人民检察院的名义送达有关单位。送达检察建议书，可以书面送达，也可以现场宣告送达。

宣告送达检察建议书应当商被建议单位同意，可以在人民检察院、被建议单位或者其他适宜场所进行，由检察官向被建议单位负责人当面宣读检察建议书并进行示证、说理，听取被建议单位负责人意见。必要时，可以邀请人大代表、政协委员或者特约检察员、人民监督员等第三方人员参加。

第十九条 人民检察院提出检察建议，除另有规定外，应当要求被建议单位自收到检察建议书之日起两个月以内作出相应处理，并书面回复人民检察院。因情况紧急需要被建议单位尽快处理的，可以根据实际情况确定相应的回复期限。

第二十条 涉及事项社会影响大、群众关注度高、违法情形具有典型性、所涉问题应当引起有关部门重视的检察建议书，可以抄送同级党委、人大、政府、纪检监察机关或者被建议单位的上级机关、行政主管部门以及行业自律组织等。

第二十一条 发出的检察建议书，应当于五日内报上一级人民检察院对口业务部门和负责法律政策研究的部门备案。

第二十二条 检察长认为本院发出的检察建议书确有不当的，应当决定变更或者撤回，并及时通知有关单位，说明理由。

上级人民检察院认为下级人民检察院发出的检察建议书确有不当的，应当指令下级人民检察院变更或者撤回，并及时通知有关单位，说明理由。

第二十三条 被建议单位对检察建议提出异议的，检察官应当立即进行复核。经复核，异议成立的，应当报经检察长或者检察委员会讨论决定后，及时对检察建议书作出修改或者撤回检察建议书；异议不成立的，应当报经检察长同意后，向被建议单位说明理由。

第二十四条 人民检察院应当积极督促和支持配合被建议单位落实检察建议。督促落实工作由原承办检察官办理，可以采取询问、走访、不定期会商、召开联席会议等方式，并制作笔录或者工作记录。

第二十五条 被建议单位在规定期限内经督促无正当理由不予整改或者整改不到位的，经检察长决定，可以将相关情况报告上级人民检察院，通报被建议单位的上级机关、行政主管部门或者行业自律组织等，必要时可以报告同级党委、人大，通报同级政府、纪检监察机关。符合提起公益诉讼条件的，依法提起公益诉讼。

第四章 监督管理

第二十六条 各级人民检察院检察委员会应当定期对本院制发的检察建议的落实效果进行评估。

第二十七条 人民检察院案件管理部门负责检察建议的流程监控和分类统计，定期组织对检察建议进行质量评查，对检察建议工作情况进行综合分析。

第二十八条 人民检察院应当将制发检察建议的质量和效果纳入检察官履职绩效考核。

第二十九条 上级人民检察院应当加强对下级人民检察院开展检察建议工作的指导，及时通报情况，帮助解决检察建议工作中的问题。

第五章 附 则

第三十条 法律、司法解释和其他有关规范性文件对再审检察建议、纠正违法检察建议和公益诉讼检察建议的办理有规定的，依照其规定办理；没有规定的，参照本规定办理。

第三十一条 本规定由最高人民检察院负责解释。

第三十二条 本规定自公布之日起施行，2009 年印发的《人民检察院检察建议工作规定（试行）》同时废止。

[地方司法业务文件]

北京市高级人民法院

关于印发《北京市高级人民法院关于刑事自诉案件立案审查规范》的通知

（2019 年 6 月 21 日印发）

第一章 总 则

第一条【目的和法律依据】 为进一步规范刑事自诉案件的立案审查工作，依据《中华人民共和国刑事诉讼法》及有关司法解释的规定，结合北京审判实践，制定本规范。

第二条【定义】 刑事自诉案件是指法律规定的可以由被害人或者其法定代理人、近亲属直接向人民法院起诉要求追究被告人刑事责任，人民法院能够直接受理的刑事案件。

第二章 刑事自诉案件的起诉

第三条【自诉案件的范围】 人民法院受理自诉案件必须符合下列条件：

（一）告诉才处理的案件：侮辱、诽谤案（但严重危害社会秩序和国家利益的除外）、暴力干涉婚姻自由案、虐待案、侵占案；

（二）故意伤害案；非法侵入住宅案；侵犯通信自由案、重婚案、遗弃案、生产、销售伪劣商品案（刑法分则第三章第一节规定的，但严重危害社会秩序和国家利益的除外）；侵犯知识产权案（刑法分则第三章第七节规定的，但严重危害社会秩序和国家利益的除外）；刑法分则第四章、第五章规定的，对被告人可能判处三年有期徒刑以下刑罚的案件等检察机关没有提起公诉，被害人有证据证明的轻微刑事案件；

（三）被害人有证据证明对被告人侵犯自己人身、财产权利的行为应当依法追究刑事责任，且有证据证明曾经提出控告，而公安机关或者检察机关不予追究被告人刑事责任的案件。

第四条【刑事自诉案件起诉条件】 人民法院受理自诉案件必须符合下列条件：

（一）符合本规范第三条的规定

（二）属于本院管辖

刑事自诉案件的管辖适用刑事诉讼法及其司法解释中关于公诉案件管辖问题的规定。

车站、货场、运输指挥机构等铁路工作区域发生的犯罪；针对铁路线路、机车车辆、通讯、电力等铁路设备、设施的犯罪；铁路运输企业职工在执行职务中发生的犯罪案件，自诉人向海淀法院提起自诉的，海淀法院应当受理。

（三）被害人告诉或代为告诉

刑事自诉案件的自诉人应当是本案的被害人。如果被害人死亡、丧失行为能力或者因受强制、威吓等无法告诉，或者是限制行为能力人以及因年老、患病、盲、聋、哑等不能亲自告诉，其法定代理人、近亲属告诉或者代为告诉的，人民法院应当依法受理。

（四）有明确的被告人、具体的诉讼请求和证明被告人犯罪事实的证据。

第五条【被害人申诉与提起自诉】 被害人对于人民检察院的决定不起诉书不服的，既可以向上级检察机关申诉，也可以向人民法院起诉。

第三章　刑事自诉案件立案材料审查

第六条【自诉状形式要求】 自诉状应当包括以下内容：

（一）自诉人（代为告诉人）、被告人的姓名、性别、年龄、民族、出生地、文化程度、职业、工作单位、住址、联系方式；

（二）被告人实施犯罪的时间、地点、手段、情节和危害后果等；

（三）具体的诉讼请求；

（四）致送的人民法院和具状时间；

（五）证据的名称、来源等；

（六）证人的姓名、住址、联系方式等。

第七条【自诉状份数要求、为自诉人真实意思表示】 自诉状一式两份，自诉人书写的自诉状需有亲笔签名或捺印，每增加一名被告人需再提供自诉状副本一份。

第八条【自诉人提交身份材料的要求】 自诉人提交的身份材料，应符合法律规定，具体要求如下：

（一）自诉人是自然人的，提交身份证明原件及复印件。经法院核对，复印件和原件内容无误的，应当收取复印件，将原件退还自诉人。

自诉人本人无法到场，委托他人代为起诉的，委托代理人应提交代理人的身份证明材料原件及复印件，同时提交自诉人的身份证明材料复印件。法官结合案件情况认为自诉人主体资格需要进一步核实的，可以要求代理人提交自诉人的身份证明材料原件予以核对。原件经与复印件核对无误后退还诉讼代理人。

（二）自诉人是法人或者其他组织的，应当向法院提交统一社会信用代码证书等证明该组织有效成立的法律文件原件及复印件、法定代表人或主要负责人的身份证明书原件及居民身份证复印件。统一社会信用代码证书复印件需加盖公司（或单位）公章，经核对无误后，应当收取复印件，将原件退还自诉人。

第九条【委托手续的要求】 自诉人委托诉讼代理人代为起诉的，还应提交如下符合法律规定的委托手续：

（一）监护人、亲友作为自诉人的诉讼代理人，需提交自诉人亲笔签名的授权委托书，如为亲属，需提交与自诉人具有亲属关系的证明。

（二）自诉人所在单位推荐的人作为自诉人诉讼代理人的，需提交自诉人亲笔签名的授权委托书，自诉人所在单位出具推荐信及自诉人及诉讼代理人的劳动合同、工作证、社保缴费记录、工资支付记录等书面材料。

（三）人民团体推荐的人作为自诉人诉讼代理人的，需提交自诉人亲笔签名的授权委托书、人民团体合法成立的证明和推荐信、被推荐人与该人民团体有合法劳动人事关系的证明。

（四）律师作为自诉人诉讼代理人的，需提交自诉人亲笔签名的授权委托书、律所函、律师证原件及复印件。律师证原件经与复印件核对无误后退还代理人。

实习律师可以受委托代理律师指派，持有关手续到人民法院立案窗口递交立案材料。

第十条【法定代理人、近亲属告诉或者代为告诉应提交的材料】 被害人的法定代理人、近亲属告诉或者代为告诉，应当提供与被害人关系的证明和被害人不能亲自告诉的原因的证明。

第十一条【核实证据】 立案法官应清点自诉人随卷移送的证据材料是否与其列出证据清单的内容一致。

第十二条【自诉案件证明标准】 自诉人应当提供能够证明犯罪事实的证据材料。

自诉人提供的证据应当能够证明案件犯罪事实确实存在，且被告人的行为构成犯罪需追究刑事责任。

第四章 刑事自诉案件立案审查后的处理

第十三条【自诉案件的审查期限及后续处理】 对自诉案件，法院应在15日内审查完毕。经审查，符合受理条件的，应当立案，并书面通知自诉人或者代为告诉人。

具有下列情形的，应当说服自诉人撤回起诉；自诉人不撤回起诉的，裁定不予受理：

（一）不属于符合本规范第三条规定的案件；

（二）缺乏罪证的；

（三）犯罪已过追诉时效期限的；

（四）被告人死亡的；

（五）被告人下落不明的；

（六）除因证据不足而撤诉的以外，自诉人撤诉后，就同一事实又告诉的；

（七）经人民法院调解结案后，自诉人反悔，就同一事实再行告诉的。

第十四条【自诉人放弃告诉其他共同侵害人的后果】 自诉人明知有其

他共同侵害人，但只对部分侵害人提起自诉的，人民法院应当受理，但应向其释明放弃告诉的法律后果，并制作询问笔录附卷移送；自诉人放弃告诉，判决宣告后又对其他共同侵害人就同一事实提起自诉的，不予受理。

第十五条【有新证据再次告诉的处理】 经审查缺乏罪证的自诉案件，自诉人撤回起诉或者被驳回起诉后，又提出了新的足以证明被告人有罪的证据，再次提起自诉的，人民法院应当受理。

第十六条【二审法院指令立案受理】 自诉人对不予受理裁定不服的，可以提起上诉。第二审人民法院查明第一审人民法院作出的不予受理裁定有错误的，应当在撤销原裁定的同时，指令第一审人民法院立案受理。

第十七条【自诉人限期补正材料及处理】 自诉人提交的诉状和材料不符合要求的，人民法院应当告知其在指定期限内补正。

自诉人在指定期限内补正的，人民法院决定是否立案的期间，自收到补正材料之日起计算。

自诉人在指定期限内没有补正的，退回诉状并记录在册；坚持自诉的，裁定不予受理。

经补正仍不符合要求的，裁定不予受理。

第五章　对于涉嫌拒不执行判决、裁定罪的特别规定

第十八条【拒执罪案件提起自诉的条件】 申请执行人有证据证明同时具有下列情形，可以自收到公安机关或者人民检察院出具的《不予立案通知书》或《不起诉决定书》之日起，向执行法院提起自诉：

（一）负有执行义务的人拒不执行判决、裁定，侵犯了申请执行人的人身、财产权利，应当依法追究刑事责任的；

（二）申请执行人曾经提出控告，而公安机关或者人民检察院对负有执行义务的人不予追究刑事责任的。

申请执行人以被执行人涉嫌拒不执行判决、裁定罪向公安机关、检察机关报案，有证据证明公安机关、检察机关不予接收材料，可以向执行法院提起自诉。

人民法院以涉嫌拒执罪向公安机关移送的案件，公安机关作出不予立案的决定并予以退回，或公安机关侦查结束移送检察机关，检察机关作出不起诉决

定的，人民法院可以向申请执行人释明，告知其可以向执行法院提起自诉。

第十九条【拒执罪自诉案件受理与不予受理】 执行法院立案庭对申请执行人提交的材料进行审查后，对于符合立案条件的拒执罪自诉案件，应当及时予以立案。对于申请执行人提起刑事自诉时被告人下落不明的，立案庭应当说服自诉人撤回起诉，自诉人拒不撤回的，裁定不予受理。裁定不予受理后，申请执行人又提出新的足以明确被告人下落的证据，再次提起自诉的，人民法院应当受理。

对于公安机关或者人民检察院已经正式立案，但尚未作出处理结论的拒执罪案件，申请执行人提起自诉的，人民法院不予受理。

第二十条【拒执罪自诉案件应提交的证据】 申请执行人向人民法院提起自诉的，除应符合最高人民法院《关于适用〈中华人民共和国刑事诉讼法〉的解释》第二百六十一条、第二百六十二条的规定外，还应提供下列证据：

1、负有执行义务的人有能力执行而拒不执行，情节严重或特别严重的相关证据；

2、申请执行人遭受人身、财产损害的相关证据；

3、公安机关不予立案或检察机关不予起诉的相关材料。

第六章　附　　则

第二十一条 本规范自下发之日起试行。

第二十二条 本规范由北京市高级人民法院立案庭负责解释。

黑龙江省高级人民法院　黑龙江省司法厅

关于扩大刑事案件律师辩护全覆盖试点范围的通知

2019 年 2 月 20 日　　黑司通〔2019〕19 号

各中级人民法院，各市、行署司法局：

2018 年 1 月以来，按照《最高人民法院 司法部关于开展刑事案件律师辩护全覆盖试点工作的办法》（司发通〔2017〕106 号），齐齐哈尔、大庆、鸡西 3 个市，在市县两级积极探索开展刑事案件审判阶段律师辩护全覆盖试点工作，在创新工作模式、组建律师团队、加强经费保障、提高工作效率等方面进行了有益尝试，并取得了一定成效。同时，试点过程中也发现律师资源不足、经费保障短缺、工作机制不健全以及案件质量有待提高等困难问题。为贯彻落实《最高人民法院 司法部关于扩大刑事案件律师辩护全覆盖试点范围的通知》（司发通〔2018〕149 号）要求，省高级人民法院、省司法厅决定扩大我省试点工作范围，现将有关事项通知如下：

一、试点地区及时间

在哈尔滨、齐齐哈尔、牡丹江、佳木斯、大庆市、双鸭山 6 个市市县两级开展刑事案件审判阶段律师辩护全覆盖试点工作。从本通知下发之日起正式开展试点工作，试点时间为一年。

二、扩大试点工作的重大意义

（一）扩大刑事案件律师辩护全覆盖试点工作的范围，进一步推进和深化刑事案件律师辩护全覆盖工作，是落实全面依法治国的一项重要举措。目的就在于让每一件刑事案件都有律师辩护和提供法律帮助，通过律师发挥辩护职责维护当事人合法权益、促进司法公正，彰显我国社会主义法治文明进步。全省各级人民法院和司法行政机关要进一步增强责任感，认真做好扩大刑事案件律师辩护全覆盖试点工作，最大限度地实现和维护人民群众的合法权益，促进社会公平正义。

（二）扩大刑事案件律师辩护全覆盖试点工作的规模和范围，进一步推进和深化刑事案件律师辩护全覆盖工作，是推进以审判为中心的刑事诉讼制度改革的具体举措。提高律师辩护率，是以审判为中心的刑事诉讼制度的内在要求。强化律师辩护权，是实现证据出示在法庭、事实查明在法庭、控辩意见发表在法庭等的重要保障。律师充分行使辩护权，有利于控辩双方有效开展平等对抗，审判发挥居中职能作用，避免庭审流于形式，促进刑事诉讼制度进一步完善。

（三）扩大刑事案件律师辩护全覆盖试点工作的规模和范围，进一步推进和深化刑事案件律师辩护全覆盖工作，是深化律师制度改革的实际举措。开展刑事案件律师辩护全覆盖试点工作，为所有刑事案件被告人提供律师辩护及法律帮助，丰富了刑辩律师的工作内容，提升了律师在刑事诉讼中的地位作用，是深化律师制度改革的实际步骤。

三、主要内容

（一）试点地区要认真贯彻执行最高人民法院、司法部印发的《关于开展刑事案件律师辩护全覆盖试点工作的办法》（司发通〔2017〕106 号），要借鉴我省第一批试点市的有益做法，研究制定本地试点工作方案。到 2019 年底，试点地区要基本实现全覆盖。

（二）试点地区要进一步落实办案机关告知义务，办案机关应当告知犯罪嫌疑人、被告人有权委托辩护人，对没有委托辩护人的被告人，要告知其享有免费法律援助和法律帮助的权利；有条件的可以使用专门告知单，口头告知的要在笔录里记录并让犯罪嫌疑人、被告人签字；应当告知而没有履行告知义务的，要加强监督，严肃追责，真正把告知义务落到实处。要注重衔接配合，人民法院要注意了解被告人及其家属是否委托辩护人以及是否同意指派律师的情况，及时决定是否通知法律援助机构指派律师；法律援助机构接到通知后应在 3 个工作日内指派律师，被告人明确拒绝的要书面记录；人民法院发现被告人及其家属已经另行委托辩护人的，应即时把有关情况反馈给法律援助机构，避免浪费资源。

四、工作要求

（一）加强组织领导，建立健全工作机制。试点地区要积极争取各级党委、政府的重视和支持，坚持在党委、政府的领导下，人民法院、司法行政机关负责组织实施。要建立健全领导机构和工作机制，加强人民法院与人民检察院、公安机关、司法行政机关、法律援助机构等相互之间的协调配合，努力实现各相关单位紧密配合、广大律师积极参与的工作机制，确保试点工作中出现的新情况、新问题得到及时有效解决。

（二）统筹律师资源调配，加大经费保障力度。试点地区要根据刑事辩护律师需求量增加的实际，原则上推行由各市司法行政机关和律师协会统筹调配律师资源，解决律师资源分布不均、部分县（市、区）律师资源不足的问题。各级人民法院和司法行政机关要加强配合，共同协调财政部门出台有关政策措施，增加法律援助经费，根据律师办理案件难易程度、服务质量等发放办案补贴，体现差异性，积极引导律师办理刑事案件。

（三）加强调查研究，做好总结推广工作。试点地区要深入广泛调研，对试点工作中遇到的新情况、新问题，研究制定有效解决措施。各地司法行政机关要高度重视代理辩护案件质量，严格案件质量评估标准，建立刑事案件律师辩护跟踪制度，综合运用旁听庭审、回访受援人等方式全面掌握律师办理案件质量情况，不断提高试点工作的质量和效果。

（四）采取多种形式，做好宣传工作。试点地区要充分发挥传统媒体和新媒体的作用，进一步加强对试点工作的宣传，推广各地先进典型和经验做法，扩大影响，为刑事案件律师辩护全覆盖工作营造良好的社会环境和舆论氛围。试点工作情况，请每季度分别报省法院、省司法厅。

附：

黑龙江省高级人民法院　黑龙江省司法厅

关于开展刑事案件律师辩护全覆盖试点工作的实施办法（试行）

为深入贯彻落实党的十九大精神，推进以审判为中心的刑事诉讼制度改革，加强人权司法保障，促进司法公正，充分发挥律师在刑事案件审判中的辩护作用，根据《中华人民共和国刑事诉讼法》、《最高人民法院 司法部关于扩大刑事案件律师辩护全覆盖试点范围的通知》（司发通〔2018〕149 号）、《最高人民法院 司法部关于开展刑事案件律师辩护全覆盖试点工作的办法》（司发通〔2017〕106 号）等法律及有关规定，结合我省实际，制定本办法。

第一条　被告人有权获得辩护。人民法院、司法行政机关应当保障被告人及其辩护律师依法享有的辩护权和其他诉讼权利。

第二条　被告人除自己行使辩护权外，有权委托律师作为辩护人。

被告人具有刑事诉讼法第三十五条、第二百七十八条规定应当通知辩护情形，没有委托辩护人的，人民法院应当通知法律援助机构指派律师为其提供辩护。

除前款规定外，其他适用普通程序审理的一审案件、二审案件、按照审判监督程序审理的案件，被告人没有委托辩护人的，人民法院应当通知法律援助机构指派律师为其提供辩护。

适用简易程序、速裁程序审理的案件，被告人没有辩护人的，人民法院应当通知法律援助机构派驻的值班律师为其提供法律帮助。

在法律援助机构指派的律师或者被告人委托的律师为被告人提供辩护前，被告人及其近亲属可以提出法律帮助请求，人民法院应当通知法律援助机构派驻的值班律师为其提供法律帮助。

第三条　人民法院通知辩护和通知法律帮助的刑事法律援助案件，由人民法院所在地的同级司法行政机关所属法律援助机构统一受理，法律援助机构不再对此类刑事案件被告人经济状况进行审查。

第四条　人民法院自受理案件之日起三日内，应当告知被告人有权委托辩护人以及获得值班律师法律帮助。被告人具有本办法第二条第二款、第三款规定情形的，人民法院应当告知其如果不委托辩护人，将通知法律援助机构指派律师为其提供辩护。

第五条 人民法院通知辩护的，应当将通知辩护公函以及起诉书、判决书、抗诉书、申诉立案通知书副本或者复印件送交法律援助机构。

通知辩护公函应当载明被告人的姓名、指控的罪名、羁押场所或者住所、通知辩护的理由、审判人员（包括法官助理、书记员等至少两名联系人）姓名和联系方式等；已确定开庭审理的，通知辩护公函应当载明开庭的时间、地点。

第六条 法律援助机构应当自收到通知辩护公函或者作出给予法律援助决定之日起三个工作日内，确定承办律师并函告人民法院。

法律援助机构出具的法律援助公函应当载明辩护律师的姓名、所属单位及联系方式。

人民法院通知辩护公函内容不齐全或者通知辩护材料不齐全的，法律援助机构应当商请人民法院予以补充；人民法院未在开庭十五日前将本办法第五条第一款规定的材料补充齐全，可能影响辩护律师履行职责的，法律援助机构可以商请人民法院变更开庭日期。

第七条 法律援助机构应当综合律师事务所的执业律师人数、执业管理、年度考核等情况指派律师事务所承办法律援助案件，综合社会律师和法律援助机构律师政治素质、职业道德水准、业务能力、执业年限等确定承办刑事法律援助案件的律师。

对于可能判处无期徒刑、死刑的案件，法律援助机构应当指派具有三年以上刑事辩护执业经历的律师担任辩护人；对于未成年人刑事案件，法律援助机构应当指派熟悉未成年人身心特点的律师担任辩护人。

第八条 指派后出现被告人拒绝接受辩护的情形，承办律师应当及时向人民法院及法律援助机构反馈，人民法院对相关情况应当记录在案。

按照本办法第二条第二款规定应当通知辩护的案件，被告人拒绝法律援助机构指派的律师为其辩护的，人民法院应当查明拒绝的原因，有正当理由的，应当准许，同时告知被告人需另行委托辩护人。被告人未另行委托辩护人的，人民法院应当及时通知法律援助机构另行指派律师为其提供辩护。

按照本办法第二条第三款规定应当通知辩护的案件，被告人坚持自行辩护，拒绝法律援助机构指派的律师为其辩护，人民法院准许的，法律援助机构应当作出终止法律援助的决定；对于有正当理由要求更换律师的，法律援助机构应当另行指派律师为其提供辩护。

第九条 司法行政机关和律师协会统筹调配律师资源，为法律援助工作开展提供保障。本地律师资源不能满足工作开展需要的，司法行政机关可以申请上一级司法行政机关给予必要支持。

有条件的地方可以建立刑事辩护律师库，为开展刑事案件律师辩护全覆盖试点工作提供支持。

第十条 建立多层次经费保障机制，加强法律援助经费保障，省级下拨的法律援助经费向经费严重不足的县（市）法律援助机构倾斜，各级财政应当按一定比例匹配，确保经费保障水平适应开展刑事案件律师辩护全覆盖试点工作需要。

司法行政机关会同人民法院共同协调财政部门根据律师承办刑事案件成本、基本劳务费用、服务质量、案件难易程度等因素，合理确定、适当提高办案补贴标准并及时足额支付。

有条件的地方可以开展政府购买法律援助服务。

第十一条 司法行政机关、律师协会应当鼓励和支持律师开展刑事辩护业务，组织资深骨干律师办理刑事法律援助案件，发挥优秀律师在刑事辩护领域的示范作用，组织刑事辩护专项业务培训，开展优秀刑事辩护律师评选表彰活动，推荐优秀刑事辩护律师公开选拔为立法工作者、法官、检察官，建立律师开展刑事辩护业务激励机制，充分调动律师参与刑事辩护工作积极性。

第十二条 第二审人民法院发现第一审人民法院未履行通知辩护职责，导致被告人在审判期间未获得律师辩护的，应当认定符合刑事诉讼法第二百三十八条第三项规定的情形，裁定撤销原判，发回原审人民法院重新审判。

第十三条 人民法院未履行通知辩护职责，或者法律援助机构未履行指派律师等职责，导致被告人审判期间未获得律师辩护的，依法追究有关人员责任。

第十四条 人民法院应当依法充分保障辩护律师的知情权、申请权、申诉权，以及会见、阅卷、收集证据和发问、质证、辩论等方面的执业权利，为辩护律师履行职责，包括查阅、摘抄、复制案卷材料等提供便利。

第十五条 人民法院作出召开庭前会议、延期审理、二审不开庭审理、宣告判决等重大程序性决定的，应当依法及时告知辩护律师。人民法院应当依托中国审判流程信息公开网，及时向辩护律师公开案件的流程信息。

第十六条 辩护律师提出阅卷要求的，人民法院应当及时安排辩护律师阅卷，无法及时安排的，应当向辩护律师说明原因并在无法阅卷的事由消除后三个工作日以内安排阅卷，不得限制辩护律师合理的阅卷次数和时间。有条件的地方可以设立阅卷预约平台，推行电子化阅卷，允许刻录、下载材料。辩护律师复制案卷材料的，人民法院只收取工本费。法律援助机构指派的律师复制案卷材料的费用予以免收或者减收。

辩护律师可以带一至二名律师助理协助阅卷，人民法院应当核实律师助理的身份。律师发现案卷材料不完整、不清晰等情况时，人民法院应当及时安排核对、补充。

第十七条 辩护律师申请人民法院收集、调取证据的，人民法院应当在三日以内作出是否同意的决定，并通知辩护律师。人民法院同意的，应当及时收集、调取相关证据。人民法院不同意的，应当说明理由；辩护律师要求书面答复的，应当书面说明理由。

第十八条 被告人、辩护律师申请法庭通知证人、鉴定人、有专门知识的人出庭作证的，法庭认为有必要的应当同意；法庭不同意的，应当书面向被告人及辩护律师说明理由。

第十九条 人民法院应当重视律师辩护意见，对于律师依法提出的辩护意见未予采纳的，应当作出有针对性的分析，说明不予采纳的理由。

第二十条 人民法院、司法行政机关和律师协会应当建立健全维护律师执业权利快速处置机制，畅通律师维护执业权利救济渠道。人民法院监察部门负责受理律师投诉。人民法院应当在官方网站、办公场所公开投诉受理机构名称、电话、来信来访地址，及时反馈调查处理结果，切实提高维护律师执业权利的及时性和有效性，保障律师执业权利不受侵害。

第二十一条 辩护律师应当坚持以事实为依据、以法律为准绳，依法规范诚信履行辩护代理职责，勤勉尽责，不断提高辩护质量和工作水平，切实维护当事人合法权益、促进司法公正。

在审判阶段，接受法律援助机构指派承办刑事法律援助案件的律师应当会见被告人并制作会见笔录，应当阅卷并复制主要的案卷材料。

对于人民法院开庭审理的案件，辩护律师应当做好开庭前的准备；参加全部庭审活动，充分质证、陈述；发表具体的、有针对性的辩护意见，并向人民法院提交书面辩护意见。对于人民法院不开庭审理的案件，辩护律师应当自收到人民法院不开庭通知之日起十日内向人民法院提交书面辩护意见。

第二十二条 辩护律师应当遵守法律法规、执业行为规范和法庭纪律，不得煽动、教唆和组织被告人监护人、近亲属等以违法方式表达诉求；不得恶意炒作案件，对案件进行歪曲、有误导性的宣传和评论；不得违反规定披露、散布不公开审理案件的信息、材料，或者在办案过程中获悉的案件重要信息、证据材料；不得违规会见被告人，教唆被告人翻供；不得帮助被告人隐匿、毁灭、伪造证据或者串供，威胁、引诱证人作伪证，以及其他干扰司法机关诉讼活动的行为。

第二十三条 司法行政机关和律师协会应当对律师事务所、律师开展刑事辩护业务进行指导监督，并根据律师事务所、律师履行法律援助义务情况实施奖励和惩戒。

法律援助机构、律师事务所应当对辩护律师开展刑事辩护活动进行指导监督，促进辩护律师依法履行辩护职责。

人民法院在案件办理过程中发现辩护律师有违法或者违反职业道德、执业纪律的行为，应当及时向司法行政机关、律师协会提出司法建议，并固定移交相关证据材料，提供必要的协助。司法行政机关、律师协会核查后，应当将结果及时通报建议机关。

第二十四条 人民法院和司法行政机关应当加强协调，做好值班律师、委托辩护要求转达、通知辩护等方面的衔接工作，探索建立工作对接网上平台，建立定期会商通报机制，及时沟通情况，协调解决问题，促进刑事案件律师辩护全覆盖试点工作有效开展。

第二十五条 办理刑事案件，本办法有规定的，按照本办法执行；本办法没有规定的，按照《中华人民共和国刑事诉讼法》、《中华人民共和国律师法》、《最高人民法院关于适用〈刑事诉讼法〉的解释》、《法律援助条例》、《办理法律援助案件程序规定》、《关于刑事诉讼法律援助工作的规定》、《关于依法保障律师执业权利的规定》等法律法规、司法解释、规章和规范性文件执行。

第二十六条 本办法在哈尔滨、齐齐哈尔、牡丹江、佳木斯、大庆和双鸭山市本级及所辖县（市、区）试行。

第二十七条 本办法自发布之日起试行一年。

第二十八条 本办法由黑龙江省高级人民法院、黑龙江省司法厅负责解释。

[司法实务问题研究]

监察与司法衔接的实务问题与对策建议

——以福建法院2018年审判数据为样本

福建省高级人民法院刑二庭课题组*

摘要：监察体制改革启动以来，监察与司法衔接有序，职务犯罪案件审判工作进展平稳，但实践中也发现，在案件管辖、调查取证的要求和标准、“初核”所取得材料的证据效力认定、审判阶段补充侦查、非法证据排除程序、裁判文书送达等方面，尚存在一定的问题或争议，亟待研究解决。本文结合福建法院的审判实际，深入剖析监察与司法衔接中的新情况、新问题，提出对策建议，以期能促使监察与司法衔接更加顺畅高效，推进反腐败工作法治化规范化。

关键词：监察程序　司法程序　衔接　对策

监察体制改革启动以来，各地法院强化与纪检监察、检察等部门的协作配合，职务犯罪案件审判工作与监察体制改革衔接有序，进展平稳。① 但审判实践中也发现，在管辖、调查与取证、审判等环节尚存在一些困难或问题，一定程度上制约审判工作的顺利开展，影响到监察与司法的有效衔接。

---

* 课题组成员：黄景辉、林伟、刘震（执笔人）。

① 郭慧、牛克乾：《职务犯罪审判与国家监察工作有机衔接的若干建议》，载《法律适用》2018年第19期。

为此，我们以福建法院2018年审判数据为样本，运用数据统计、座谈走访、问卷调查等多种方法，立足监察法和刑事诉讼法的现有规定，结合本省监察改革试点实践，就监察和司法衔接问题展开调研，在掌握情况、发现问题、剖析原因、总结经验的基础上，提出对策建议，以期为“法法衔接”建言献策并有所助益。

一、管辖

（一）关于职能管辖

监察法第十一条第二项规定：“监察委员会依照本法和有关法律规定履行监督、调查、处置职责：……（二）对涉嫌贪污贿赂、滥用职权、玩忽职守、权力寻租、利益输送、徇私舞弊以及浪费国家资财等职务违法和职务犯罪进行调查。”上述关于监察职能管辖的规定，由于纪法问题（违反政纪与违反刑法的问题）未区分，也未就“职务犯罪”的内涵和外延进行界定。监察法实施后，实践中对监察职能管辖的范围争议较大。2018年4月，中央纪委、国家监委出台了《国家监察委员会管辖规定（试行）》（国监发〔2018〕1号），以罗列具体罪名的方式，对国家监委职能管辖的范围进行了规定，并下发各级纪委、监委参照执行。2018年10月26日，修正后的刑事诉讼法发布实施，其第十九条第二款规定：“人民检察院在对诉讼活动实行法律监督中发现的司法工作人员利用职权实施的非法拘禁、刑讯逼供、非法搜查等侵犯公民权利、损害司法公正的犯罪，可以由人民检察院立案侦查。”此后，最高人民检察院出台《关于人民检察院立案侦查司法工作人员相关职务犯罪案件若干问题的规定》，进一步明确了检察机关立案侦查案件的管辖范围。上述规定的出台，基本框定了监察和检察、公安机关职能管辖范围，有效解决了不少争议问题。

我们认为，鉴于《国家监察委员会管辖规定（试行）》是内部规定，且行文适用对象范围有限，建议将上述文件内容转化为法律规定。此外，关于司法工作人员之外的国家机关工作人员利用职权实施的侵犯公民权利和民主权利的犯罪案件，不属于监察法第十一条第二款所列举的具体情形之一，也不属于《国家监察委员会管辖规定（试行）》所罗列的具体罪名。监察体制改革之前属于检察机关立案侦查，但2018年修改后的刑事诉讼法明确将其排除出检察机关的侦查管辖范围。此类犯罪严格来讲不属于职务犯罪的范畴，但此类犯罪行为是国家工作人员犯罪过程中利用了“职权”，较之贪污贿赂、渎职等职务犯罪，对公权力造成的损害有过之而无不及，如何确定管辖建议进一步明确。

（二）关于地域和级别管辖

监察法第十六条第一款规定：“各级监察机关按照管理权限管辖本辖区内本法第十五条规定的人员所涉监察事项。”该款明确了监察机关实行级别管辖与地域管辖相结合的一般管辖原则，即各级监察委员会按照干部管理权限对本辖区内的监察对象依法进行监察。而此与刑事诉讼法关于审判管辖的规定存在较大差异，由此产生监察管辖与审判管辖的衔接问题。对此，有学者提出，为了使监察管辖与审判管辖相协调，在地域管辖方面，“应当以被调查人犯罪时工作单位所在地为主”，在级别管辖方面，“应当尽可能使交接的机关都处于同级的层面，这样有利于各机关间的互相配合和互相制约”，并建议“明确规定涉嫌职务犯罪的国家工作人员都根据各自的级别确定相应的管辖机关”①。我们认为，监察管辖与审判管辖所确立的原则和标准不同，监察法和《中国共产党纪律检查机关监督执纪工作规则》已对监察地域和级别管辖作出了明确规定②，而为了使之与审判管辖衔接，抛开上述规定，另行设立新的监察管辖规则，既缺少法律支撑，也没有必要。我们建议，监察机关在立案调查期间，不必考虑与审判管辖的衔接问题，而对调查终结移送审查起诉的案件，采取以下两个步骤，解决监察与审判管辖的衔接问题：一是确定审判管辖的人民法院。二是以审判管辖的人民法院为坐标，确立监察机关移送审查起诉案件的移送规则。

1. 关于审判管辖的确定。司法实践中，职务犯罪一般实行“被告人单位所在地为主，其他管辖地为辅”的地域管辖原则。而在级别管辖问题上，则

---

① 杨宇冠：《监察法与刑事诉讼法衔接问题研究》，中国政法大学出版社2018年版，第49页。

② 《中国共产党纪律检查机关监督执纪工作规则》第七条明确“监督执纪工作实行分级负责制”，并对各级纪委监委监督监察和审查调查的对象范围进行进一步规定。实际上也具体明确了监察级别管辖和地域管辖的范围。而刑事诉讼法主要是根据案件性质和影响、罪刑轻重和可能判处的刑罚、不同级别法院在审判体系之中的地位、职责等因素划分审判级别管辖。

存在立法规定与实践相脱节的情况。根据刑事诉讼法第二十一条的规定，可能判处无期徒刑、死刑的第一审刑事案件由中级人民法院管辖。近年来，实践中判处无期徒刑、死刑的职务犯罪案件少之又少，加之职务犯罪案件往往在当地具有重大政治社会影响，为了合理平衡中级、基层人民法院之间的受案范围，确保职务犯罪案件审判工作取得“三个效果”的有机统一，除了上述规定的案件之外，不少地方确定重大职务犯罪案件第一审由中级人民法院管辖。主要包括两种情况：一是当事人具有一定职务、职级的案件。目前除了中管干部职务犯罪案件第一审普遍由中级人民法院管辖之外，不少地方对具有一定职务、职级的公职人员职务犯罪案件确定第一审由中级人民法院管辖。比如，广东省高级人民法院、广东省人民检察院《关于职务犯罪案件指定管辖的若干规定（试行)》（粤检会字〔2012〕13 号）第四条规定：“厅级干部涉嫌职务犯罪的案件，县级以上党委、政府、人大、政协的领导班子成员涉嫌职务犯罪的案件等”第一审由中级人民法院管辖。二是“小官巨腐”或有重大影响的案件。一些被告人职级不高，但涉案金额特别巨大（仍达不到无期或死刑标准）或案件具有重大影响，第一审宜由中级人民法院管辖。比如，福建省监察委员会、福建省高级人民法院、福建省人民检察院《关于职务犯罪案件管辖问题的若干规定（试行)》（闽高法〔2018〕254 号）（以下简称《福建省管辖规定》）第六条第四项规定：“贪污或受贿金额在人民币 1000 万元以上的案件”等第一审由中级人民法院管辖。

我们建议，可结合本地实际情况，考虑以下案件第一审由中级人民法院管辖：一是副厅级以上公职人员职务犯罪案件；二是省管处级公职人员职务犯罪案件；三是犯罪金额达到一定数量的案件；四是与前述案件属于共同犯罪案件；与前述案件相关联或属于系列案，且一审由中级人民法院审判有利于公正审理的案件；五是其他因案情疑难复杂，或具有重大社会影响，不宜在基层人民法院一审的案件。

2. 关于移送审查起诉的方式。对于监察机关调查终结的案件，如何向检察机关移送审查起诉，目前监察法和刑事诉讼法均没有规定，实践中通常有两种移送方式：一是由调查案件的监察机关将案件移送具有审判管辖权的人民法院所对应的监察机关，再由该监察机关移送审查起诉。二是调查案件的监察机关将案件移送到同级人民检察院，如果后者审查认为不属于本院管辖的，再将案件移送到具有管辖权人民法院的同级人民检察院进行审查起诉。我们认为，以上两种移送方式，在法理上均不存在障碍，但从便捷操作及有利于发挥检察机关审查起诉“过滤功能”的角度考虑，建议确定“同级移送”为一般移送原则。首先，“同级移送”使监察机关在移送案件时不必考虑刑事诉讼管辖的问题，由同级人民检察院接受案件之后，根据刑事诉讼管辖原则进行案件转移，此亦与最高人民检察院《人民检察院诉讼规则》（以下简称《检察院规则》）第三百六十二条规定公安机关移送审查起诉的移送规则相一致。其次，“同级移送”更利于发挥检察机关审查起诉的“过滤功能”，主要体现为，上级监察机关调查的案件移送到下级人民检察院审查起诉的情况下，在审查起诉过程中，如果需要补充证据、作出排除非法证据的决定等，一般需要上级检察机关与调查机关进行沟通协调，“同级移送”更有利于上级检察机关及早了解案件，便于加强与监察调查机关的沟通协调。

（三）关于指定管辖

近年来，指定管辖成为职务犯罪，尤其是重大职务犯罪案件审判的常见情形。由于目前关于指定管辖的立法规定较为简略，特别是在监察法实施后，监察与司法在指定管辖衔接方面缺少规范，导致实践中呈现出诸多问题，具体如下：

1. 立法模式存在缺位。根据刑事诉讼法第二十七条关于指定管辖制度的规定及《最高人民法院关于适用〈中华人民共和国刑事诉讼法〉的解释》（以下简称《刑诉法解释》）第十六条、第十八条相关细化规定，指定管辖主要包括以下三种情形：一是管辖权不明或出现争议又协商不成的，报由上级人民法院指定管辖。二是有管辖权的人民法院因案件涉及本院院长需要回避等原因不宜行使管辖权时，可以报由上级人民法院指定管辖。三是上级人民法院在必要时，可以指定下级人民法院将其管辖的案件移送其他下级人民法院管辖。由此，除了管辖权不明或争议的案件之外，另外两种情况均为有管辖的法院在受理案件之后，由上级法院指定其移送到其他法院管辖。我们且称此种与移送管辖紧密相关的模式为“指定移送管辖”模式。除此之外，还有一种情况：即由上级监察、检察、审判机关在案件进入审判程序之前先行协商，确定管辖法院之后，由其所对应的检察院进行审查起诉和提起公诉。此过程中，并不存在指定移送管辖的情况。此种通过上级机关之间协商指定管辖的方式，我们可称之为“商请指定管辖”模式，此种模式已成为目前司法实践中最为常见的指定管辖模式。① 而从目前立法规定来看，主要是针对前一种模式进行设计，而对后者则缺乏具体规范。

2. 适用范围有待明确。对于哪些案件适用指定管辖，法律规定并不明确。监察法第十七条第一款规定：“上级监察机关可以将其所管辖的监察事项指定下级监察机关管辖，也可以将下级监察机关有管辖权的监察事项指定给其他监察机关管辖。”《刑诉法解释》第十八条规定：“上级人民法院在必要时，可以指定下级人民法院将其管辖的案件移送其他下级人民法院审判。”上述关于指定管辖范围的规定较为原则，如何理解和适用其中的“不宜行使管辖权”“必要时”等，实践中各行其是，导致指定管辖理解适用不统一、透明度不高，甚至滥用指定管辖的现象较为突出。

3. 协调机制不够顺畅。监察法实施后，监察机关异地调查的案件，需要在异地起诉、审判的，如何与检察、审判机关进行“商请指定管辖”，尚缺乏相应规范，实践中出现的新情况新问题比较多，比如商请主体、商请时间、指定管辖决定书作出时间等，需要进一步厘清。

4. 操作程序不尽完善。关于指定管辖程序性事项的处理，《刑诉法解释》第十九条规定：“上级人民法院指定管辖，应当将指定管辖决定书分别送达被指定管辖的人民法院和其他有关的人民法院。”第二十条规定：“原受理案件的人民法院在收到上级人民法院改变管辖决定书、同意移送决定书或者指定其他人民法院管辖决定书后，对公诉案件，应当书面通知同级人民检察院，并将案卷材料退回，同时书面通知当事人；对自诉案件，应当将案卷材料移送被指定管辖的人民法院，并书面通知当事人。”上述规定为指定管辖办理中文书的送达、案卷移送等程序性事项提供了操作依据。但上述规定主要针对“指定移送管辖模式”进行设计，而对“商请指定管辖模式”的程序问题缺乏规定。此外，上述规定也没有对指定管辖中的协商程序、被告人换押、赃款赃物移交

① 比如，福建省高级人民法院2015年至2018年共指定管辖职务犯罪案件70件，其中只有2起系“指定移送管辖”，其余均为“商请指定管辖”。

等问题进行明确，导致实践中操作混乱。

针对指定管辖以上诸多问题，建议如下：

1. 明确“商请指定管辖”的法律地位。如前所述，目前“商请指定管辖”普遍存在于司法实践，而法律对此缺乏有效规范，为了满足实践需要，不少地方出台规范性文件进行规范。此种方式虽然有效解决了实践中的不少难题，但基于文件的效力位阶等问题，在理论上存在一定争议①。此外，不同地方出台的文件往往缺乏协调，针对同一问题，处理方式上不尽相同，造成适用法律上的差异。为了消除争议，统一规格，同时解决法律依据不足的问题，有必要将“商请指定管辖”纳入刑事诉讼法的规定，赋予其明确的法律地位，并通过司法解释等进一步完善其操作规范。

2. 科学设定指定管辖的适用范围。为了避免指定管辖适用不统一、不透明，甚至滥用指定管辖所带来的负面影响。有必要遵循公正、效率、必要之原则，科学设定管辖的适用范围。对此，我们建议，除了管辖权不明或有争议的案件之外，对以下案件可以考虑指定异地管辖：一是被告人在当地具有重大影响案件。通常表现为当事人具有一定职务、职级，在当地具有重大影响，为了排除地方干扰，确保案件能够得到正确、及时处理，可以考虑进行异地管辖。二是案件有管辖权的监察、检察、审判等机关，因案件涉及本单位领导需要回避或者涉及单位利益等原因，不宜行使管辖权的案件。三是与上述案件系共同犯罪案件或关联案件，且指定管辖有利于公正审理的案件。四是其他不适宜按地域管辖原则确定管辖的案件。需要指出的是，出现上述情况并非就一定要异地管辖，而需要考量这些因素是否在事实上已经达到足以影响到诉讼顺利进行和结果公正的程度。

3. 完善部门之间协商机制。一是关于商请主体。首先，指定管辖应由上级机关之间进行商请。比如，对于跨地区的案件，应由省级监察机关与同级检察机关、审判机关进行协商。其次，建议采用“递进式”的商请流程，即由监察机关先与检察机关进行协商，双方协商一致之后，再由后者商法院进行管辖。最后，在人民法院内部承办部门上，由具体承办职务犯罪审判业务的业务

① 参见卞建林、桂梦美：《腐败犯罪诉讼管辖现状与制度完善》，载《人民检察》2015 年第 13 期。

庭办理为妥，因其更了解本地各法院审判力量、硬件设施等分配情况，有利于结合案件实际情况合理确定指定管辖法院。二是关于商请指定管辖的时间。为了避免“商请程序”流于形式，确保移送审查起诉的顺利进行，应给予司法机关充分、必要的审查时间。三是关于指定管辖决定书的作出时间。商请管辖之时，案件一般尚处于调查或侦查阶段，在经过审查起诉的程序“过滤”之后，不排除案件的事实、法律等其他情况与商请阶段产生较大的改变，需要上级法院对商请指定的法院重新作出权衡。故此，建议在商请阶段，人民法院暂不作出指定管辖决定书，可以通知拟指定的人民法院，待检察机关提起公诉之后，再由该法院层报上级法院决定指定管辖。

4. 完善指定管辖的操作程序。建议结合法律规定和审判实践，分别针对“指定移送管辖”和“商请指定管辖”两种模式进行程序设计，完善其操作规范。其中除了应注意商请主体、商请时间以及指定管辖决定书的作出时间等重要事项之外，还应当进一步明确协商的具体流程和时间节点，进一步明确检察机关和审判机关在案件移送、当事人换押、赃款赃物移交、公诉人出庭等问题上的协作配合义务，以确保指定管辖的顺利进行。①

二、调查与证据

（一）关于取证的要求和标准问题

监察法第三十三条第二款规定：“监察机关在收集、固定、审查、运用证据时，应当与刑事审判关于证据的要求和标准相一致。”如何理解和适用上述规定，实践中存在争议。突出表现在两个方面：首先，监察实施后，有关机关出台的关于证据审查的相关规定，与刑事诉讼法规定不一致的地方，该如何处理？其次，针对同一种调查（侦查）措施，监察法和刑事诉讼法均有规定，但因监察法规定的内容一般较为简略（比如关于“搜查”，监察法有一个条款，刑事诉讼法有五个条款），对监察法没有涵盖而刑事诉讼法有规定的内容（比如无证搜查的情况、搜查笔录的制作要求等），能否适用刑事诉讼法相关规定处理？

---

① 关于指定管辖的具体程序设计，参见刘震：《监察法实施后职务犯罪案件指定管辖问题探析》，载《刑事法律文件解读》2018年第8期。

我们认为，刑事审判的要求和标准，只能是刑事诉讼法关于证据的要求和标准，审判机关无权自设其他要求和标准。对此，在监察体制改革试点过程中，权威机关就指出，“监察机关应依照法定程序，参照刑事诉讼法对证据形式要件和实质要件的要求，全面、客观地收集被调查人有无违法犯罪以及情节轻重的证据。”[①] 监察法实施后，《〈中华人民共和国监察法〉释义》（以下简称《监察法释义》）进一步明确：“刑事审判关于证据的要求和标准有严格、细致的规定，监察机关收集的证据材料在刑事诉讼中作为证据使用，必须要与其相衔接、相一致。刑事审判关于证据的要求和标准，刑事诉讼法总则第五章和《刑诉法解释》第四章，作了详细的规定，比如证据的种类、收集证据的程序、各类证据审查与认定的具体要求等。”[②] 由此，为了有效实现“法法衔接”，监察机关在收集、固定、审查、运用证据时，应当符合刑事诉讼法的要求和标准。为了避免监察法有关规定过于简略而在实践中有时候可能无所遵循，我们建议通过制定监察法的实施细则等方式，对相关证据的收集、固定和审查标准进一步细化，并注意与刑事诉讼法和《刑诉法解释》的规定在内容上保持协调一致，或者明确准用刑事诉讼法的相关规范。

（二）关于监察机关“初步核实”所取得材料的证据效力问题

监察法第三十八条规定了监察机关初步核实程序。《中国共产党纪律检查机关监督执纪工作规则》第三十四条进一步规定：“核查组经批准可以采取必要措施收集证据，与相关人员谈话了解情况，要求相关组织作出说明，调取个人有关事项报告，查阅复制文件、账目、档案等资料，查核资产情况和有关信息，进行鉴定勘验。对被核查人及相关人员主动上交的财物，核查组应当予以暂扣。需要采取技术调查或者限制出境等措施的，纪检监察机关应当严格履行审批手续，交有关机关执行。”对于初步核实阶段所“收集证据”在刑事诉讼中的效力问题，实践中存在认识分歧：

否定说认为：首先，从法律依据看，“初核”和调查是监察法规定的两

---

① 中央纪委研究室：《怎样确保监察机关调查取得的证据符合刑事诉讼证据标准》，载中央纪委监察部网站 http://www.ccdi.gov.cn/toutiao/201801/t20180124_162413.html，于2019年5月16日访问。

② 中央纪委、国家监委法规室编：《〈中华人民共和国监察法〉释义》，中国方正出版社2018年版，第119页。

个不同阶段，监察法中关于监察权限的规定是针对调查程序作出的，而通过初步核实获取的证据材料作为刑事证据，依据不足。其次，从证据的形式和作证主体看，立案之前，被调查人和证人的身份尚未明确，其所获得的“谈话笔录”等材料的形式也不符合“被调查人的供述和辩解”及“证人证言”的法定形式要求，提供主体也不符合法定主体的要求。最后，从“初核”的功能看，其主要目的是为确认是否需要进行调查立案，“初核”一旦结束，使命即告完成。期间所获材料如果要在后续的刑事诉讼阶段继续发挥证据作用，须有明确的法律依据。肯定说则认为：首先，“初核”取得的证据材料作为刑事诉讼中的证据，有其法律依据。监察法第三十三条规定：“监察机关依照本法规定收集的物证、书证、证人证言、被调查人供述和辩解、视听资料、电子数据等证据材料，在刑事诉讼中可以作为证据使用。”因“初核”和调查同属监察法所规定的监察程序，故其依法作获得的证据材料，可以在刑事诉讼中作为证据使用。其次，认可立案之前所获证据的法律效力，在刑事诉讼中有其先例。比如，《检察院规则》第一百八十一条对检察机关初查所获取的证据效力进行了明确规定。

鉴于监察机关初核阶段所收集证据在刑事诉讼中的效力尚不明确，有必要通过修改刑事诉讼法，或制定司法解释等方式对此问题进一步规范。我们认为，全面否定立案前证据材料的证据效力不妥，建议区别对待：首先，对初核阶段取得的物证、书证、鉴定意见等证据材料，可以在刑事诉讼中使用，并作为定案的依据。因为此类证据的内容、形式与取证方式不受立案的影响，法律为这类证据的获取和使用提供较大空间，以尽量保证充分获得证据以证实案件的真实情况。其次，关于言辞证据，虽然初核阶段所获言辞证据材料在形式上与立案后的同类材料有所区别，但在调查主体、作证主体、证明内容上具有一致性，这种区别不应当对证据的效力形成实质性影响。且从必要性来看，有的案件在立案后无法找到相关证人或证言发生变化，检察机关有必要使用立案前的证言以证实犯罪。不过，可以作为审判阶段的证据的言辞证据，仍应当在证据要件上对其进行审查，应当按照监察法和刑事诉讼法关于讯问被调查人、犯罪嫌疑人、被告人以及询问证人、被害人的要求进行制作，如果取证程序出现严重瑕疵，则不能作为诉讼证据。最后，对于在初核过程中通过查封、扣押、冻结等强制性措施所获取的证据材料应当严格适用。因为这些强制性调查措施往往涉及对当事人重大权利的处分，法律规定了更为严格的程序，如尚未立案即实施搜查、扣押、冻结等行为，缺少监察法上的依据，不符合法定程序，所获证据不具有法律效力。

（三）关于自首、立功等情况说明以及从宽处罚建议的出具问题

调研中发现，个别办案机关存在出具自首、坦白、立功以及赃款追缴等情况说明不规范、不具体、不及时的情况。还有意见反映，监察法第三十一条、第三十二条规定了监察机关对涉嫌职务犯罪的被调查人提出从宽处罚的建议权，但程序比较严格，监察机关提出从宽处罚建议的，需要经集体研究，并报上一级监察机关批准，由此担心审批流程较长，与办案时间造成冲突，影响到办案机关出具从宽建议的积极性。

我们认为，被告人的自首、坦白、立功以及赃款退缴情况，是职务犯罪案件中重要的定罪量刑情节，不仅影响到量刑，有的情况还影响到定罪。由此，调查、收集、移送被调查人自首、坦白、立功以及赃款赃物的退缴情况是监察法和刑事诉讼法的基本要求。对此，监察法第四十条第一款规定："监察机关对职务违法和职务犯罪案件，应当进行调查，收集被调查人有无违法犯罪以及情节轻重的证据，查明违法犯罪事实，形成相互印证、完整稳定的证据链。"刑事诉讼法第五十二条亦作了类似规定。我们建议，监察机关向司法机关移送案件时，应出具被调查人是否具有自首、坦白、立功情节以及赃款赃物追缴等情况说明，对相关情况进行客观、详细表述。情况说明的主要内容包括案发经过、被调查人到案情况、被调查人有无主动交代本人涉案犯罪事实、所涉事实在被调查人交代前相关部门是否已经掌握、被调查人有无主动检举揭发同案或者其他人员涉嫌违法犯罪线索以及查证处理情况，被调查人退缴赃款赃物情况等。情况说明应当由移送单位加盖公章，并由经办人签名。[①]

关于从宽处罚建议的出具，为了确保决策程序公开公正，防止随意性，监察法规定了较为严格的程序。如果个案中建议出具与办案时间产生冲突，我们认为，可不必将出具建议的时间拘泥于案件移送之时，从监察法第三十二条的

① 《福建省监察机关与审判机关办理职务犯罪案件协作配合办法（试行）》第十二条对此进行了明确规定。

规定看，“可以在移送人民检察院时提出从宽处罚建议”并未排除和否定此后出具建议的合法性。个别案件可先考虑由监察机关就自首、立功、坦白以及赃款退缴的情况出具相应情况说明，连同相关材料移送审查起诉，从宽处罚建议在审查起诉或审判阶段出具同样具有法律效力。

三、审判

（一）关于监察法实施后审判阶段的补充侦查问题

对于监察机关移送审查起诉案件，监察法第四十七条第三款规定：“人民检察院经审查，认为需要补充核实的，应当退回监察机关补充调查，必要时可以自行补充侦查。对于补充调查的案件，应当在一个月内补充调查完毕。补充调查以二次为限。”刑事诉讼法第一百七十条亦进行了相应规定。但对审判阶段需要补充侦查的情况，监察法和刑事诉讼法均没有进行规定，监察机关是否具有协助补充调查的义务，以及如何处理“自行补充侦查”和“退回补充调查”的关系，实践中存在争议，有必要进一步探讨。

1. 监察机关的协助义务问题。对于审判阶段需要补充侦查的情况，《检察院规则》明确了侦查机关协助补充侦查的义务。其第四百五十七条第一款规定：“在审判过程中，对于需要补充提供法庭审判所必需的证据或者补充侦查的，人民检察院应当自行收集证据和进行侦查，必要时可以要求侦查机关提供协助；也可以书面要求侦查机关补充提供证据。”而对于监察机关调查的案件，监察法和刑事诉讼法没有明确。我们认为，明确监察机关的协助义务，更有利于查清案件事实，提高诉讼效率，也更符合诉讼规律。对此，《福建省监察机关与检察机关办理职务犯罪案件协作配合办法（试行）》（以下简称《福建省监委与检察机关协作办法》）第二十四条规定：“在法院作出生效判决之前，人民检察院认为需要补充提供法庭审判所必须的证据的，可以书面要求监察委员会提供。监察委员会应当提供。”

2. “自侦”和“退补”的关系处理问题。对于监察机关移送审查起诉的案件，人民检察院认为需要补充核实的，根据刑事诉讼法第一百七十条的规定，应当退回监察机关补充调查，必要时可以自行补充侦查。而对审判阶段需要补充证据或者补充侦查的职务犯罪案件，如何处理“自侦”和“退补”的关系，监察法和刑事诉讼法均没有相应规定。对于侦查机关移送审查起诉、需要在审判阶段补充侦查的案件，《检察院规则》第457条第1款虽然规定了“自侦为主、退补为辅”的原则。调研发现，该规定与司法实践实际运行情况有所出入。基于办案力量、手段、技巧等原因，审判阶段的补充侦查仍由原侦查机关实施的情况较为普遍。[①] 我们认为，考虑到职务犯罪案件的特殊性，“退补为主，自侦为辅”更为合理。正如《监察法释义》所分析，监察机关移送的案件政治性强、比较敏感，检察机关公诉部门审查后认为需要补充证据的，一般应当先退回监察机关进行补充调查；必要时，才由检察机关自行补充侦查。一般而言，检察机关认为监察机关移送的案件定罪量刑的基本犯罪事实已经查清，但具有下列情形之一的，可以自行补充侦查；一是证人证言、犯罪嫌疑人供述和辩解、被害人陈述的内容主要情节一致，个人情节不一致且不影响定罪量刑的。二是书证、物证等证据材料需要补充鉴定的。三是其他由检察机关查证更为便利、更为效率、更有利于查清案件事实情形。上述“释义”虽然是针对审查起诉阶段的“补充调查”而言，但对职务犯罪审判阶段同样具有借鉴意义。

（二）关于被告人或辩护人申请调取、播放监察机关调查阶段的讯问录音录像问题

对监察机关调查过程中的讯问录音录像，监察法没有明确规定要随案移送。《福建省监委与检察机关协作办法》第二十七条规定：“犯罪嫌疑人及其辩护人提出调查阶段被调查人的供述系非法所得，并提供相关线索或者材料的，人民检察院经审查后认为现有证据不能排除非法收集证据嫌疑的，可以向监察委员会调取相关的调查讯问同步录音录像资料，监察委员会应当提供。”对此，如果案件进入审判阶段，被告人或辩护人申请调取、播放监察阶段的录音录像，该如何处理？

我们认为，自刑事诉讼法确立讯问过程录音录像制度以来，讯问录音录像成为证明供述合法性的关键证据。2016年6月27日，中央全面深化改革领导

① 调研中，有观点提出，检察机关一般不愿自行补充侦查的主要原因在于：一些犯罪嫌疑人的口供或证人证言是侦查机关在采取比较强硬的侦查措施以后获取的，一旦这些“压力”消失，担心会发生改变。此外，口供的突破需要技巧，担心自行补充侦查过程中，如果口供或证言发生变化，应对不足。“退补”也是为了让案件更好地进入审判。

小组第25次会议审议通过的《关于推进以审判为中心的刑事诉讼制度改革的意见》第五条明确指出，要严格依照法律规定对讯问过程全程同步录音录像，逐步实行对所有案件的讯问过程全程同步录音录像。2017年2月20日，最高人民法院制定发布的《关于推进以审判为中心的刑事诉讼制度改革的实施意见》（以下简称《实施意见》）第二十三条进一步强调，法庭对证据合法性进行调查的，应当重视对讯问录音录像的审查。《实施意见》并以讯问录音录像制度为基础，进一步明确了相应证据的排除规则。

根据刑事诉讼法的规定，人民检察院承担证明被告人有罪的举证责任。基于该要求，人民检察院除了证明犯罪构成要件事实成立之外，也要证明其用于证明犯罪事实构成要件事实成立的证据具有合法性。在诉讼过程中，辩方对相关证据的合法性提出质疑，实质上是对控诉方主张该证据具有合法性这一事实的否认，控诉方需要承担提供证据责任并承担举证不能的不利后果。被告人及其辩护人对证据收集的合法性提出异议，要求公诉人提供、当庭播放特定讯问录音录像，法庭经审查认为确有必要的，如果公诉人不提供或播放该录音录像，这种做法既不符合法律和司法解释的要求，也与以审判为中心的刑事诉讼制度改革精神相悖。而出于对监察人员的人身安全考虑，或者需要播放的录音录像涉及国家秘密、个人隐私或者含有其他不宜公开的内容的，可以限制观看人员的范围。①

（三）关于监察人员的出庭问题

关于监察人员的出庭问题，自国家监察体制改革试点以来，一直争议较大，各地做法亦不尽一致。监察法对此没有作出规定。调研中，有观点提出，监察法对监察人员的出庭问题没有要求。监察人员冲在办案第一线，出庭可能面临人身安全问题。如果需要就相关问题说明情况的，可以内部会议的形式进行。② 另一种观点则认为，监察人员作为一线办案人员，对取证行为的合法性

---

① 比如，《检察院规则》第七十五条第二款规定："需要播放的录音、录像中涉及国家秘密、商业秘密、个人隐私或者含有其他不宜公开的内容的，公诉人应当建议在法庭组成人员、公诉人、侦查人员、被告人及其辩护人范围播放。"

② 调研中有观点反映，监察人员出庭要非常慎重，建议采取其他办法解决。从目前对被调查人员的谈话情况来看，有一些谈话对象的工作很难做通。他们即便认账，但可能产生报复心理，把账记在谈话人头上。庭审都是公开的，对调查人员的人身安全有一定影响。如果需要调查人员说明情况，完全可以由法院、检察院召集，以会议形式说明，出庭不太合适。

最为清楚，由其出庭作证更有利于查明取证合法性的事实。同时监察人员出庭也是避免调查活动受到质疑、减少证据合法性的争议并成功指控犯罪的重要保障，更是对监察人员的法律保护。这在以往侦查人员出庭的实践中已经得到了证明。

我们认为，无论是录音录像的提供或当庭播放，还是监察人员出庭说明证据的收集过程，并就相关情况接受发问，均是为了消解争议，确认证据合法性，其实质仍是证据收集合法性的证明问题。对此，《福建省监察机关与审判机关办理职务犯罪案件协作配合办法（试行）》（以下简称《福建省监委与法院协作办法（试行）》）第八条规定："对于被告人及其辩护人申请法庭通知监察人员出庭说明情况的，审判机关经审查，对证据收集的合法性有疑问的，可以先请监察机关出具书面情况说明，再依法视情作出是否通知监察人员出庭的决定。"这一规定，明确了监察人员的出庭义务，同时确立了法庭在决定监察人员是否出庭问题上的主体作用，其内容精神是符合诉讼规律和目前诉讼制度改革方向的，值得肯定和借鉴。

需要指出是，根据刑事诉讼法规定，现有证据材料不能证明证据收集的合法性的，人民检察院可以提请人民法院通知有关侦查人员或者其他人员出庭说明情况；人民法院可以通知有关侦查人员或其他人员出庭说明情况。据此，通知侦查人员出庭通常是证明取证合法性的最后手段。对监察人员出庭亦理应如此。另出于对监察人员的人身安全考虑，出庭作证过程中可以采取遮蔽容貌、改变声音等方式处理。

（四）关于裁判文书送达问题

就审判机关应否向监察机关送达裁判文书，以及送达时间和送达义务机关等问题，监察法和刑事诉讼法均未明确，实践中做法不一，有待规范。

我们认为，为了使监察机关及时了解查办案件的审判情况，确保"纪法"处理保持协调，审判机关有必要及时向监察机关送达裁判文书。对此，《福建省监委与法院协作办法》第十一条规定："审判机关对职务犯罪案件作出刑事判决（裁定）后，应当在送达检察机关的同时，将相关裁判文书抄送查办案件的监察机关。一审宣判后，被告人提出上诉或者检察机关提出抗诉的，由一审法院及时将相关情况通报查办案件的监察机关。"上述规定明确了审判机关文书送达以及情况通报的义务，对于促进审判与监察机关之间的协作配合，具有借鉴意义。

结 语

我国监察体制是一种“制度创新”，监察法对职务犯罪的调查程序与刑事诉讼法关于犯罪侦查程序并行的立法路径，使得监察和司法的衔接是过去未曾遇到的新课题。通过考察福建法院一年多来的司法实践，既有不少值得借鉴的经验做法，也面临一些困难或问题。其中如何兼顾监察、检察及审判功能的有效发挥，尤其是检察机关本应发挥的“起诉过滤”功能以及审判机关应当实现的“审判中心”作用如何实现，确属难题。① 有必要在监察体制改革试点实践的基础上，及时总结经验、解决问题，进一步加强宏观顶层设计，以促使改革工作落地见效，推进反腐败工作法治化规范化。

① 参见龙宗智：《监察与司法协调衔接的法规范分析》，载《政治与法律》2018年第1期。

[新类型疑难案例选评]

李某豪交通肇事罪案

黄 坚 李晓虹[*]

【裁判要旨】

交通肇事后逃逸的认定，对于肇事人主观上应当结合其主观状态、客观行为以及外在环境等因素确认其对事故持主观明知态度，并基于逃避法律追责而实施逃逸行为，不应将“逃离现场”局限于空间上的距离远近，而应该针对其是否具有逃避法律追责的意图综合分析。

【案情简介】

2016年5月22日3时45分许，原审被告人李某豪饮酒后驾车搭载朋友潘某玲沿广州市越秀区大通路由东往西行驶至057号灯杆对出路段时，因醉酒(经鉴定血液中乙醇含量为145.4mg/100mL)未按照操作规范安全驾驶，导致该车贴近道路右边花基行驶。坐在副驾驶位的潘某玲见状并发现前方被害人刘成友骑着自行车同向行驶，因感到危险即向李某豪叫道“喂，有人，花基，别靠右边那么近”，但李某豪仍驾车将刘成友撞倒在地，车辆冲进路边绿化分隔带直至碰撞大树后才停了下来。路过的司机陈某见状，即下车打电话报警。李某豪下车沿路返回查看时，见刘成友被撞倒在地且陈某也在现场，就问人是不是陈某撞的。陈某见李某豪是醉酒状态，为免争吵就应称是其撞的。李某豪和潘某玲弃车准备逃离现场时，被保安人员发现并抓了回来。随后，李某豪趁

* 作者单位：广州市中级人民法院。

保安员不备，又逃离现场20多米并躲入绿化树丛内，后又被保安人员发现并抓回到事故现场。民警到场后，李某豪被询问时先是指证潘某玲驾车，后被反复询问才承认是自己驾车。民警经现场检测发现李某豪属醉酒后，即将其控制。被害人刘成友经送医院抢救无效于当天死亡。经交通部门认定，被告人李某豪承担此次事故的全部责任，被害人刘成友无责任。

案发后，被告人李某豪的家属向被害人刘成友的亲属赔偿了人民币112000元。

【审理结果】

广东省广州市越秀区人民法院于2017年11月21日作出（2017）粤0104刑初97号刑事判决：被告人李某豪犯交通肇事罪，判处有期徒刑二年二个月。

宣判后，原公诉机关广州市越秀区人民检察院向本院提起抗诉。

广州市中级人民法院于2018年5月15日作出（2018）粤01刑终399号判决：一、维持广州市越秀区人民法院（2017）粤0104刑初97号刑事判决中对原审被告人李某豪的定罪部分，即被告人李某豪犯交通肇事罪部分。二、撤销广州市越秀区人民法院（2017）粤0104刑初97号刑事判决中对原审被告人李某豪的量刑部分，即判处被告人李某豪有期徒刑二年二个月部分。三、原审被告人李某豪犯交通肇事罪，判处有期徒刑五年。

【裁判理由】

法院生效裁判认为：原审被告人李某豪违反交通运输管理法规，醉酒驾驶机动车并发生重大交通事故，致一人死亡，负事故全部责任，其行为已构成交通肇事罪。关于控、辩双方所争议的原审被告人李某豪的行为是否属于“交通运输肇事后逃逸”的问题。经查，原审被告人李某豪的行为属于“交通运输肇事后逃逸”。理由如下：第一，本案李某豪虽属醉酒驾车，但血液酒精含量为145.4mg/100mL并不足以导致其完全丧失意识，其对事故发生过程应有相当认知。第二，李某豪是在坐副驾驶位的潘某玲发现车前方的被害人并向其叫喊“有人”之后才发生碰撞事故，其随后下车沿路返回查看时也见到被害人倒躺在自己车辆碾压经过的路线上，应当能够判断出被害人是被其驾车撞倒。第三，李某豪明知自己驾车发生事故并已发现了被害人，但其见到现场正在报警的陈某时不是先问“人是谁撞的”，而是没有确切根据就地直接质问陈某“是不是你撞的人”，可见其只是想先声夺人将责任推给他人。第四，李某豪作为发生事故车辆的驾驶人，罔顾“发生交通事故的当事人必须保护现场、抢救伤者并在现场听候公安机关的处理”的法律规定，在自己驾车发生事故后先是带着现场目击证人潘某玲逃离事故现场，被保安人员发现抓回后又继续趁人不备躲入远离事故现场的树丛中，可见其故意逃躲的意图强烈。第五，在再次被保安发现并抓回到事故现场以及民警到场后，李某豪还继续谎称事故车辆的驾驶者是潘某玲。上述事实环环相扣，足以证实了李某豪在醉酒驾车发生交通事故后，具有逃逸以及推卸责任的主观故意和客观行为，其最终目的是为了逃避法律追究。综上，抗诉机关的抗诉意见成立，应予支持。李某豪及辩护人的辩解、辩护意见均不成立，不予采纳。原判对李某豪的定罪准确，但对其交通肇事后逃逸的事实未能准确查明认定，导致量刑不当，依法予以纠正。

［评析］

交通肇事后当场推卸责任应认定为交通肇事后逃逸

本案审理过程中，原审被告人李某豪的行为构成交通肇事罪的犯罪事实清楚，但对于其是否构成“交通运输肇事后逃逸”存在争议，一种观点认为，原审被告人李某豪当时处于醉酒状态，且现场有人向其承认是自己撞了人，以及李某豪提出其是害怕车辆爆炸，且为了通知家人而暂离现场的辩解具有一定合理性，故其行为不构成交通肇事后逃逸行为。另一种观点认为，事故发生时李某豪醉酒程度不深且副驾乘客曾向其警示注意前方有人，发生事故后李某豪应当能够意识到自己撞了人，结合李某豪事后找人顶包以及两次意图离开现场等行为，反映其主观上为了逃避法律追责，客观上实施了逃离现场的行为，故其行为构成“交通运输肇事后逃逸”。我们更认同第二种观点，理由如下：

一、对“交通肇事后逃逸”的认定

根据《最高人民法院关于审理交通肇事刑事案件具体应用法律若干问题的解释》（以下简称《解释》）中对“交通肇事后逃逸”的相关规定，逃逸行为必须同时具备以下要件：

1. 行为人的交通肇事行为必须已构成交通肇事罪的基本犯。即前提是肇事人的先前行为已然构成了交通肇事罪的基本犯。

2. 行为人必须是基于为逃避法律追究的目的而逃跑。所谓逃逸，客观上表现为逃离事故现场、畏罪潜逃的行为。逃逸行为一经实施，即告成立。即便肇事人逃离事故现场不远或者不久，即被交警追获或者其他人拦截、扭送，均不影响“交通肇事后逃逸”的认定。肇事人在肇事后逃逸，是为了逃避法律追究，畏罪潜逃，主观上根本不想投案。

二、“交通肇事后逃逸”的主观认定

“交通肇事后逃逸”是指发生交通事故后，为逃避法律追究而逃跑的行为，从主观上限定了行为人只能是在明知事故发生后出于直接故意而为的逃跑，如果对事故不明知则无法产生直接故意，“逃避法律责任”的意图也无从说起，因此在认定交通肇事的逃逸行为是需要以行为人主观明知交通事故的发生为必要。行为人对于事故的明知应该包含“知道”以及“应当知道”的范畴，即行为人如已经知道或以常理推断其“应当知道”自己行为造成交通事故而假装不知情而逃离事故现场，对其行为仍应认定为逃逸。

从本案来说，原审被告人李某豪虽是醉酒驾驶，但其醉酒程度不深，不足以导致其完全丧失意识，其对事故发生过程应有相当认知。且李某豪是在同车证人潘某玲已向其示警前方有人后才发生碰撞事故，李某豪下车沿路返回查看时也见到被害人刘成友倒躺在自己车辆碾压经过的路线上，此时以常理推断，李某豪应当能够判断出被害人是被其车撞倒，其对该事故已持主观明知态度。李某豪在知道自己驾车已撞倒他人时，却仍向在事故现场打算报警的陈某直接质问“是不是你撞了人”，意图将责任推卸给他人，后其两次意图离开现场及提出要求潘某玲为其顶包的行为，均反映出其逃避法律责任的意图，在主观上构成逃逸的主观故意，满足交通肇事后逃逸的主观要件。

三、“交通肇事后逃逸”的空间界定

《解释》中对于逃逸的定义为“为逃避法律追究逃离事故现场的”，根据对《解释》的相关解读，对于逃逸并未作出空间的具体限定。在实践中，当行为人在事故后藏匿在现场观察事故处理，后弃车离开，其行为可认定为逃逸行为，但如果行为人因现场民情过于激愤，基于对自身人身安全考虑而暂时离开现场的，则不应认定为其离开现场的行为构成“交通肇事后逃逸”。由此可见，对于是否构成“交通肇事后逃逸”不能以具体逃离现场的距离作为硬性标准。但“事故现场”的空间范围应该指多大？我们可以参考刑法学中对于“现场”的“视线说”的相关标准，即当行为人以藏匿行为，离开了现场人员的视线范围时，因其行为目的是隐藏自己行踪不被现场人员发现，从而逃避法律责任，故即使他并未远离现场，也可认定为“逃离事故现场”的行为表现。①

本案中，李某豪意图离开现场被保安人员发现并抓了回来后，趁保安员不备，又逃离现场20多米并躲入绿化树丛内，虽然其并未远离现场，但其行为构成“交通肇事后逃逸”的客观要件。

四、交通事故后找人顶包行为

目前对于交通肇事事故后的顶包行为是否属于逃逸行为存在一定的争议。根据《解释》对于“逃逸”的具体行为表现规定为“逃离事故现场”，但其本质是对肇事者隐瞒身份，逃避法律追责的行为进行从重处罚。事故后行为人找人顶包的行为，既未履行当事人承担的保护现场，抢救伤者、财产以及等候处理的义务，亦造成加大法律追责难度的客观结果，对此可认定为一种消极的逃逸行为。本案中李某豪在交通事故发生后企图让其潘某玲为其顶包，在主观上具有逃避承担法律责任的目的，具有可归责性，客观上实施了隐藏自身肇事者的身份，逃避法律追责的消极逃逸行为，即使当时被滞留在现场，故对其找人顶包行为应当纳入“交通肇事后逃逸”的行为表现中予以考量。

综上，原审被告人李某豪在醉酒驾车发生交通事故后，具有逃逸以及推卸责任的主观故意和客观行为，其最终目的是为了逃避法律追究，其行为构成“交通肇事后逃逸”，应予从重处罚。

① 张建华：《试论“交通运输肇事后逃逸”的刑法内涵》，载法制网 http://www.legaldaily.com.cn/misc/2006-10/09/content_425336.htm。

[规章草案]

司法鉴定机构登记管理办法
（修订征求意见稿）

第一章 总 则

第一条 为了加强对司法鉴定机构的管理，规范司法鉴定活动，健全统一司法鉴定管理体制，适应办案机关和公民、组织的诉讼需要，保障当事人的诉讼权利，促进司法公正和效率，根据《全国人民代表大会常务委员会关于司法鉴定管理问题的决定》和其他相关法律、法规，制定本办法。

第二条 司法鉴定机构从事《全国人民代表大会常务委员会关于司法鉴定管理问题的决定》规定的司法鉴定业务，适用本办法。

第三条 本办法所称的司法鉴定机构是指从事《全国人民代表大会常务委员会关于司法鉴定管理问题的决定》第二条规定的司法鉴定业务的法人或者非法人组织。

司法鉴定机构是司法鉴定人的执业机构，应当具备本办法规定的条件，经省级司法行政机关审核登记，取得司法鉴定许可证，在登记的司法鉴定业务范围内，开展司法鉴定活动。

第四条 司法鉴定管理实行行政管理与行业管理相结合的管理制度。

司法行政机关对司法鉴定机构及其司法鉴定活动依法进行指导、管理和监督、检查。司法鉴定行业协会依照法律和章程进行自律管理。

第五条 全国实行统一的司法鉴定机构审核登记、名册编制和公告制度。

第六条 司法鉴定机构的发展应当符合统筹规划、合理布局、优化结构、有序发展的要求。

第七条 司法鉴定机构开展司法鉴定活动应当遵循合法、中立、规范、及时的原则。

第八条 司法鉴定机构应当统一受理委托，组织所属的司法鉴定人开展司法鉴定活动，遵守法律、法规和有关制度，遵守统一的司法鉴定程序，正确适用技术标准、技术规范和技术方法。

第二章 主管机关

第九条 司法部负责全国司法鉴定机构的登记管理工作，依法履行下列职责：

（一）制定全国司法鉴定发展规划并指导实施；

（二）指导和监督省级司法行政机关对司法鉴定机构的审核登记、名册编制和公告工作；

（三）制定全国统一的司法鉴定机构资质管理、司法鉴定质量管理和诚信评价等制度并指导实施；

（四）组织制定全国统一的司法鉴定程序并指导实施；

（五）组织制定全国统一的司法鉴定技术标准、技术规范和技术方法并指导实施；

（六）指导司法鉴定科学技术研究、开发、引进与推广，组织司法鉴定业务的国际交流、合作；

（七）法律、法规规定的其他职责。

第十条 省级司法行政机关负责本行政区域内司法鉴定机构登记管理工作，依法履行下列职责：

（一）制定本行政区域司法鉴定发展规划并组织实施；

（二）负责司法鉴定机构的审核登记、名册编制和公告工作；

（三）指导和监督设区的市级，或直辖市的区（县）司法行政机关对司法鉴定机构的监督、管理和投诉处理工作；

（四）负责司法鉴定机构的资质管理、司法鉴定质量管理和诚信评价等工作；

（五）负责对司法鉴定机构进行监督、检查；

（六）负责对司法鉴定机构违法违规的执业行为进行调查处理；

（七）组织司法鉴定科学技术开发、推广、应用和培训；

（八）法律、法规和规章规定的其他职责。

第十一条 省级司法行政机关可以将本办法第十条规定的有关工作交由下一级司法行政机关办理。设区的市级、或直辖市的区（县）司法行政机关应当承担对司法鉴定机构的监督、管理工作。

第十二条 司法行政机关负责监督指导司法鉴定行业协会依照法律和章程开展活动。

第三章 申请登记

第十三条 司法鉴定机构的登记事项包括：名称、住所、法定代表人、鉴定机构负责人、统一社会信用代码、资金数额、仪器设备和实验室、司法鉴定人、司法鉴定业务范围等。

第十四条 法人或者非法人组织申请从事司法鉴定业务，应当具备下列条件：

（一）有自己的名称、住所；

（二）有不少于一百万元人民币的资金；

（三）有明确的司法鉴定业务范围；

（四）有在业务范围内进行司法鉴定必需的仪器、设备；

（五）有在业务范围内进行司法鉴定必需的依法通过资质认定或者实验室认可的检测实验室；

（六）每项司法鉴定业务有三名以上司法鉴定人。

第十五条 法人或者非法人组织申请从事司法鉴定业务，应当提交下列申请材料：

（一）申请表；

（二）证明申请人身份的相关文件；

（三）住所证明和资金证明；

（四）与司法鉴定业务相关的行业资格或者资质证明；

（五）仪器、设备说明及所有权凭证；

（六）检测实验室相关资料；

（七）拟申请司法鉴定执业人员的相关材料；

（八）相关的内部管理制度材料；

（九）应当提交的其他材料。

申请人应当对申请材料的真实性和完整性负责。

第十六条 非法人组织申请设立司法鉴定机构，除应当提交本办法第十五条规定的申请材料外，还应当提交司法鉴定机构章程，按照司法鉴定机构名称管理的有关规定向司法行政机关报核其机构名称。

第十七条 司法鉴定机构在本省（自治区、直辖市）行政区域内设立分支机构的，分支机构应当符合本办法第十四条规定的条件，并经省级司法行政机关审核登记后，方可依法开展司法鉴定活动。

跨省（自治区、直辖市）设立分支机构的，除应当经拟设分支机构所在行政区域的省级司法行政机关审核登记外，还应当报经司法鉴定机构所在行政区域的省级司法行政机关备案。

司法鉴定机构依法跨省（自治区、直辖市）设立的分支机构开展司法鉴定活动由其所在行政区域的司法行政机关负责监督管理。

第十八条 司法鉴定机构应当建立执业风险金制度，或者参加司法鉴定执业责任保险。

第四章 审核登记

第十九条 法人或者非法人组织申请从事司法鉴定业务，有下列情形之一的，司法行政机关不予受理，并出具不予受理决定书：

（一）法定代表人或者鉴定机构负责人受过刑事处罚或者开除公职处分的；

（二）法律、法规规定的其他情形。

第二十条 司法行政机关决定受理申请的，应当出具受理决定书，并按照法定的时限和程序完成审核工作。

司法行政机关应当组织专家，对申请人从事司法鉴定业务必需的仪器、设备和检测实验室、执业场所、拟申请执业人员专业技能等进行评审，评审的时间不计入审核时限。

第二十一条 经审核符合条件的，省级司法行政机关应当作出准予登记的决定，颁发司法鉴定许可证；不符合条件的，作出不予登记的决定，书面通知申请人并说明理由。

第二十二条 司法鉴定许可证是司法鉴定机构的执业凭证，司法鉴定机构必须持有省级司法行政机关准予登记的决定及司法鉴定许可证，方可依法开展司法鉴定活动。

司法鉴定许可证由司法部统一监制，分为正本和副本。司法鉴定许可证正本和副本具有同等的法律效力。

司法鉴定许可证有效期限为五年，自颁发之日起计算。

第五章 变更、延续和注销

第二十三条 司法鉴定机构要求变更有关登记事项的，应当及时向司法行政机关提交变更登记申请书和相关材料，经审核符合本办法规定的，司法行政机关应当依法办理变更登记手续。

第二十四条 司法鉴定机构变更后的登记事项，应当在司法鉴定许可证副本上注明。在司法鉴定许可证有效期限内获准变更的事项，有效期限应当与司法鉴定许可证的有效期限相一致。必要时，可换发许可证正本。

第二十五条 司法鉴定许可证有效期限届满后，需要延续的，司法鉴定机构应当在有效期限届满三十日前，向司法行政机关提交延续登记申请书和相关申请材料，司法行政机关依法审核办理。延续的条件按照本办法第三章申请登记的有关规定执行。

未申请延续的司法鉴定机构，司法鉴定许可证有效期限届满后，司法行政机关应当依法办理注销登记手续。

第二十六条 司法鉴定机构有下列情形之一的，司法行政机关应当依法办理注销登记手续：

（一）依法申请终止司法鉴定活动的；

（二）自愿解散或者未经司法行政机关批准擅自停业、歇业一年以上的；

（三）登记事项发生变化，不符合设立条件的；

（四）设立司法鉴定机构的法人或者非法人组织依法终止的；

（五）司法鉴定许可证有效期限届满未申请延续的；或者司法鉴定行政许

可依法被撤销、撤回的；

（六）法律、法规规定的其他情形。

第六章　名册编制和公告

第二十七条　凡经司法行政机关审核登记的司法鉴定机构，应当统一编入司法鉴定人和司法鉴定机构名册并公告。

第二十八条　省级司法行政机关负责编制本行政区域的司法鉴定人和司法鉴定机构名册，报司法部备案后，每年公告一次。司法部负责汇总省级司法行政机关编制的司法鉴定人和司法鉴定机构名册并定期公告。

未经司法部批准，其他部门和组织不得以任何名义编制司法鉴定人和司法鉴定机构名册或者类似名册。

第二十九条　办案机关和公民、组织可以委托列入司法鉴定人和司法鉴定机构名册的司法鉴定机构进行鉴定。

在诉讼活动中，对《全国人民代表大会常务委员会关于司法鉴定管理问题的决定》第二条所规定的鉴定事项发生争议，需要鉴定的，办案机关和公民、组织应当委托列入司法鉴定人和司法鉴定机构名册的司法鉴定机构及司法鉴定人进行鉴定。

第三十条　编制、公告司法鉴定人和司法鉴定机构名册的具体程序、内容和格式等由司法部另行制定。

第七章　监督管理

第三十一条　司法行政机关应当依法对司法鉴定机构进行监督、检查。

公民、法人和非法人组织对司法鉴定机构违反本办法规定的行为进行举报、投诉的，司法行政机关应当及时进行调查，可以要求鉴定机构说明情况，提交有关材料，依法进行现场检查、调阅、查阅有关业务案卷和档案材料，或者组织专家咨询论证，并根据调查结果进行处理。

司法行政机关也可以委托司法鉴定行业协会协助开展调查工作。

第三十二条　司法行政机关可以就下列事项，对司法鉴定机构进行监督、检查：

（一）遵守法律、法规和有关规章和管理制度的情况；

（二）遵守司法鉴定程序和适用技术标准、技术规范和技术方法的情况；

（三）所属司法鉴定人执业的情况；

（四）司法鉴定质量管理的情况；

（五）法律、法规和有关规章规定的其他事项。

第三十三条 司法行政机关对司法鉴定机构进行监督、检查时，司法鉴定机构应当如实提供有关情况和材料。

司法行政机关应当建立、完善和利用司法鉴定管理信息系统，实现与司法鉴定机构互联，核查司法鉴定机构从事司法鉴定业务的情况。

司法行政机关应当对司法鉴定机构的执业情况每年至少进行一次现场检查或者网上核查，并形成检查或者核查报告，报上级司法行政机关。

第三十四条 司法行政机关对司法鉴定机构进行监督、检查时，不得妨碍司法鉴定机构的正常业务活动，不得索取或者收受司法鉴定机构的财物，不得谋取其他不正当利益，不得泄露知悉的国家秘密、商业秘密、个人隐私和鉴定信息。

第三十五条 司法行政机关应当建立司法鉴定机构资质等级评估、鉴定质量评估和诚信评价制度，评估、评价结果向社会公开。

第八章　法律责任

第三十六条 法人或者非法人其组织未经登记，从事已纳入本办法调整范围司法鉴定业务的，由其所在地的县级以上司法行政机关责令停止司法鉴定活动，没收违法所得，并处以违法所得一倍以上三倍以下的罚款，罚款总额最高不得超过三万元。

第三十七条 司法鉴定机构有下列情形之一的，由省级或者设区的市级、直辖市的区（县）司法行政机关依法给予警告，并责令其改正；有违法所得的，没收违法所得：

（一）超出登记的司法鉴定业务范围开展司法鉴定活动的；

（二）未经依法登记设立分支机构或者未经省级司法行政机关批准，在登记执业场所外设立受理、接案、代办、采样、出诊点（处）的；

（三）未依法办理变更登记的；

（四）涂改、出租、出借、转让司法鉴定许可证的；

（五）组织未取得司法鉴定人执业证的人员从事司法鉴定业务的；

（六）无正当理由拒绝接受司法鉴定委托的；

（七）违反司法鉴定收费管理规定的；

（八）支付回扣、介绍费，进行虚假宣传等不正当行为的；

（九）违反司法鉴定程序的；

（十）拒绝接受司法行政机关监督、检查或者向其提供虚假材料的；

（十一）法律、法规和规章规定的其他情形。

第三十八条 司法鉴定机构有下列情形之一的，由省级司法行政机关依法给予停止从事司法鉴定业务三个月以上一年以下的处罚；情节严重的，撤销登记；有违法所得的，没收违法所得：

（一）因严重不负责任给当事人合法权益造成重大损失的；

（二）具有本办法第三十七条规定的情形之一，并造成严重后果的；

（三）提供虚假证明文件或采取其他欺诈手段骗取登记的；

（四）司法鉴定机构胁迫、指使所属司法鉴定人作虚假鉴定的；

（五）因严重不负责任，造成鉴定材料损毁、遗失的；

（六）法律、法规规定的其他情形。

第三十九条 司法鉴定机构停止执业处罚期间继续受理司法鉴定委托，或者停止执业处罚期间及期满后二年内又发生应当给予停止从事司法鉴定业务的违法行为的，由省级司法行政机关撤销登记。

第四十条 司法鉴定机构在开展司法鉴定活动中因违法和过错行为应当承担民事责任的，按照民事法律的有关规定执行。

第四十一条 司法行政机关工作人员在管理工作中滥用职权、玩忽职守造成严重后果的，依法追究相应的法律责任。

第四十二条 司法鉴定机构对司法行政机关的行政许可和行政处罚有异议的，可以依法申请行政复议或者提起行政诉讼。

第九章 附 则

第四十三条 侦查机关根据侦查工作需要设立的鉴定机构，由侦查机关根据《全国人民代表大会常务委员会关于司法鉴定管理问题的决定》规定的条件进行资格审核，审核合格的送交司法行政部门统一编入鉴定机构名册并公告。

第四十四条 本办法所称办案机关，是指办理诉讼案件的监察机关和侦查机关、审查起诉机关和审判机关。

第四十五条 本办法自公布之日起施行。2005 年 9 月 29 日公布的《司法鉴定机构登记管理办法》（司法部令第 95 号）同时废止。

司法鉴定人登记管理办法（修订征求意见稿）

第一章 总 则

第一条 为了加强对司法鉴定人的管理，规范司法鉴定活动，健全统一司法鉴定管理体制，适应办案机关和公民、组织的诉讼需要，保障当事人的诉讼权利，促进司法公正和效率，根据《全国人民代表大会常务委员会关于司法鉴定管理问题的决定》和其他相关法律、法规，制定本办法。

第二条 司法鉴定人从事《全国人民代表大会常务委员会关于司法鉴定管理问题的决定》规定的司法鉴定业务，适用本办法。

第三条 本办法所称的司法鉴定人是指运用科学技术或者专门知识对诉讼涉及的专门性问题进行鉴别和判断并提出鉴定意见的人员。

司法鉴定人应当具备本办法规定的条件，经省级司法行政机关审核登记，取得司法鉴定人执业证，按照登记的司法鉴定执业类别，从事司法鉴定业务。

司法鉴定人应当在一个司法鉴定机构中执业。

第四条 司法鉴定管理实行行政管理与行业管理相结合的管理制度。

司法行政机关对司法鉴定人及其执业活动进行指导、管理和监督、检查，司法鉴定行业协会依照法律和章程进行自律管理。

第五条　全国实行统一的司法鉴定人审核登记、名册编制和公告制度。

第六条　司法鉴定人应当科学、客观、独立、公正地从事司法鉴定活动，遵守法律、法规和规章的规定，遵守职业道德和执业纪律，遵守司法鉴定管理规范，遵守统一的司法鉴定程序，正确适用技术标准、技术规范和技术方法。

第七条　司法鉴定人执业实行回避、保密、时限和错误鉴定、虚假鉴定责任追究制度。

第二章　主管机关

第八条　司法部负责全国司法鉴定人的登记管理工作，依法履行下列职责：

（一）指导和监督省级司法行政机关对司法鉴定人的审核登记、名册编制和公告工作；

（二）制定司法鉴定人执业规则和执业道德、执业纪律规范；

（三）制定司法鉴定人诚信评价制度并指导实施；

（四）会同国务院有关部门制定司法鉴定人专业技术职称评定标准和办法；

（五）制定和发布司法鉴定人教育培训规划并指导实施；

（六）法律、法规规定的其他职责。

第九条　省级司法行政机关负责本行政区域内司法鉴定人的登记管理工作，依法履行下列职责：

（一）负责司法鉴定人的审核登记、名册编制和公告；

（二）负责组织司法鉴定人诚信评价工作；

（三）负责对司法鉴定人进行监督、检查，指导和监督设区的市级，或直辖市的区（县）司法行政机关对司法鉴定人进行监督管理；

（四）负责对司法鉴定人违法违规执业行为进行调查处理；

（五）组织开展司法鉴定人专业技术职称评定工作；

（六）制定司法鉴定人教育培训计划并组织、指导实施；

（七）法律、法规和规章规定的其他职责。

第十条　省级司法行政机关可以将本办法第九条规定的有关工作交由下一

级司法行政机关办理，设区的市级，或直辖市的区（县）司法行政机关应当承担对司法鉴定人的监督管理工作。

第三章　执业登记

第十一条　司法鉴定人的登记事项包括：姓名、性别、身份证号码、学历、专业技术职称或者专业执业资格、执业类别、执业机构等。

第十二条　个人申请从事司法鉴定业务，应当具备下列条件：

（一）拥护中华人民共和国宪法，遵守法律、法规和规章和社会公德，品行良好的中华人民共和国公民；

（二）具有与所申请从事的司法鉴定业务相关的高级专业技术职称；或者具有相关的专业执业资格或者高等院校相关专业本科以上学历，从事相关工作五年以上；或者申请从事经验鉴定型或者技能鉴定型司法鉴定业务的，应当具备相关专业工作十年以上经历和较强的专业技能；

（三）所申请从事的司法鉴定业务，行业有特殊规定的，应当符合行业规定；

（四）拟执业机构已经取得或者正在申请司法鉴定许可证；

（五）身体健康，能够适应司法鉴定工作需要。

第十三条　有下列情形之一的，不得申请从事司法鉴定业务：

（一）因故意犯罪或者职务过失犯罪受过刑事处罚的；

（二）受过开除公职处分的；

（三）被司法行政机关撤销司法鉴定人登记的；

（四）所在的司法鉴定机构受到停业处罚，处罚期未满的；

（五）无民事行为能力或者限制行为能力的；

（六）法律、法规和规章规定的其他情形。

第十四条　个人申请从事司法鉴定业务，应当由拟执业的司法鉴定机构向司法行政机关提交下列材料：

（一）申请表；

（二）身份证、专业技术职称、专业执业资格、学历、符合特殊行业要求的相关资格、从事相关专业工作经历、专业技术水平评价及业务成果等证明材料；

（三）应当提交的其他材料。

个人兼职从事司法鉴定业务的，应当符合法律、法规的规定，并提供所在单位同意其兼职从事司法鉴定业务的书面意见。

第十五条 司法鉴定人审核登记程序、期限参照《司法鉴定机构登记管理办法》中司法鉴定机构审核登记的相关规定办理。

第十六条 经审核符合条件的，省级司法行政机关应当作出准予执业的决定，颁发司法鉴定人执业证。每名司法鉴定人的执业类别一般不超过二项。

经审核不符合条件的，省级司法行政机关应当作出不予登记的决定，书面通知其所在司法鉴定机构并说明理由。

司法行政机关应当对申请人的执业能力进行考核，考核时间不计入审核时限。

第十七条 司法鉴定人执业证是司法鉴定人的执业凭证。司法鉴定人必须持有司法鉴定人执业证，方可依法从事司法鉴定业务。

司法鉴定人执业证由司法部统一监制。

司法鉴定人执业证有效期限为五年，自颁发之日起计算。

第十八条 司法鉴定人要求变更有关登记事项的，应当及时通过所在司法鉴定机构向司法行政机关提交变更登记申请书和相关材料，经审核符合本办法规定的，司法行政机关应当依法办理变更登记手续。

司法鉴定人受到停止执业处罚期间或者受到投诉正在调查处理的，不得申请变更执业机构。

第十九条 司法鉴定人执业证有效期限届满后，需要继续执业的，司法鉴定人应当在有效期限届满三十日前通过所在司法鉴定机构，向司法行政机关提交延续执业申请书和相关申请材料，司法行政机关依法审核办理。延续申请的条件按照本办法第十二条、第十三条、第十四条、第十五条的规定执行。

未申请延续的司法鉴定人，司法鉴定人执业证有效期限届满后，司法行政机关应当依法办理注销登记手续。

第二十条 司法鉴定人有下列情形之一的，司法行政机关应当依法办理注销登记手续：

（一）依法申请终止从事司法鉴定业务的；

（二）所在司法鉴定机构注销或者被撤销的；

（三）司法鉴定人执业证有效期限届满未申请延续或未通过延续审核的；

（四）未经司法行政机关许可擅自停止司法鉴定执业一年以上的；

（五）法律、法规规定的其他情形。

第四章 权利和义务

第二十一条 司法鉴定人享有下列权利：

（一）了解、查阅与鉴定事项有关的情况和资料，询问与鉴定事项有关的当事人、证人等；

（二）要求鉴定委托人无偿提供鉴定所需要的鉴定材料；

（三）进行鉴定所必需的勘查、检验、检查、检测和模拟实验等；

（四）拒绝接受不合法、不具备鉴定条件或者超出登记的执业类别的鉴定委托；

（五）拒绝解决、回答与鉴定无关的问题；

（六）鉴定意见不一致时，保留不同意见；

（七）接受教育培训；

（八）获得合法报酬和出庭保障费用等；

（九）鉴定人认为因在诉讼中作证，本人或者其近亲属的人身安全面临危险的，可以向人民法院、人民检察院、公安机关请求予以保护；

（十）法律、法规规定的其他权利。

第二十二条 司法鉴定人应当履行下列义务：

（一）受所在执业司法鉴定机构指派按照规定时限独立完成鉴定工作，并出具鉴定意见；

（二）对鉴定意见负责；

（三）依法回避；

（四）妥善保管鉴定材料；

（五）保守在执业活动中知悉的国家秘密、商业秘密、个人隐私和鉴定信息；

（六）依法出庭作证，回答与鉴定有关的询问；

（七）自觉接受司法行政机关的管理和监督、检查；

（八）以有专门知识的人身份参与诉讼活动时，遵守法律、法规、规章和相关管理制度，恪守职业道德，坚持科学性、公益性、公正性原则。

（九）参加司法鉴定教育培训；

（十）接受指派承办司法鉴定法律援助案件；

（十一）遵守司法鉴定程序进行鉴定；

（十二）法律、法规规定的其他义务。

第五章　监督管理

第二十三条　司法鉴定人应当在所在司法鉴定机构接受司法行政机关的监督、检查。

第二十四条　司法行政机关应当就下列事项，对司法鉴定人进行监督、检查：

（一）遵守有关法律、法规和规章以及相关管理制度的情况；

（二）遵守司法鉴定程序，适用技术标准、技术操作规范和技术方法的情况；

（三）遵守执业规则、职业道德和执业纪律的情况；

（四）法律、法规和规章规定的其他事项。

第二十五条　公民、法人和非法人组织对司法鉴定人违反本办法规定的行为进行举报、投诉的，司法行政机关应当及时进行调查处理。

第二十六条　司法行政机关对司法鉴定人进行监督、检查或者根据举报、投诉进行调查时，可以要求鉴定人说明情况，提交有关材料，依法调阅有关业务案卷和档案材料，或者组织专家咨询论证等，司法鉴定人应当如实提供有关情况和材料。

司法行政机关也可以委托司法鉴定行业协会协助开展调查工作。

第二十七条　司法行政机关依法建立司法鉴定人诚信档案，对司法鉴定人进行诚信评价。评价结果向社会公开。

第六章　法律责任

第二十八条　未经登记的人员，从事已纳入本办法调整范围司法鉴定业务的，由其所在地的县级以上司法行政机关责令其停止司法鉴定活动；有违法所得的，没收违法所得，并处以违法所得一倍以上至三倍以下的罚款，罚款总额最高不得超过三万元。

第二十九条 司法鉴定人有下列情形之一的，由省级司法行政机关或者设区的市级、直辖市的区（县）司法行政机关依法给予警告，并责令其改正，有违法所得的，没收违法所得：

（一）同时在两个以上司法鉴定机构执业的；

（二）超出登记的执业类别执业的；

（三）私自接受司法鉴定委托的；

（四）违反保密和回避规定的；

（五）拒绝接受司法行政机关监督、检查或者向其提供虚假材料的；

（六）违反规定会见当事人及其委托的人的；

（七）违反司法鉴定程序从事司法鉴定活动的；

（八）违反规定以有专门知识的人身份参与诉讼活动的；

（九）涂改、倒卖、出租、出借、转让司法鉴定人执业证的；

（十）无正当理由不参加司法鉴定人教育培训的；

（十一）法律、法规和规章规定的其他情形。

第三十条 司法鉴定人有下列情形之一的，由省级司法行政机关给予停止执业三个月以上一年以下的处罚；情节严重的，撤销登记；构成犯罪的，依法追究刑事责任：

（一）因严重不负责任给当事人合法权益造成重大损失的；

（二）具有本办法第二十九条规定的情形之一并造成严重后果的；

（三）提供虚假证明文件或者采取其他欺诈手段，骗取登记的；

（四）经人民法院依法通知，非法定事由拒绝出庭作证的；

（五）故意做虚假鉴定的；

（六）因严重不负责任造成鉴定材料损毁、遗失的；

（七）收受当事人及其委托人财物的；

（八）法律、法规规定的其他情形。

第三十一条 司法鉴定人因违反本办法规定，在受到警告处罚后一年内又发生应当给予警告处罚情形的，由省级司法行政机关给予停止执业三个月以上一年以下的处罚；在停止执业处罚期间及处罚期满后二年内又发生应当给予停止执业处罚情形的，由省级司法行政机关撤销登记。

第三十二条 司法鉴定人在执业活动中，因故意或者重大过失给当事人合法权益造成损失的，其所在的司法鉴定机构依法承担赔偿责任后，可以向有过错行为的司法鉴定人追偿。

第三十三条 司法行政机关工作人员在管理工作中滥用职权、玩忽职守造成严重后果的，依法追究相应的法律责任。

第三十四条 司法鉴定人对司法行政机关的行政许可和行政处罚有异议的，可以依法申请行政复议或者提起行政诉讼。

第七章 附 则

第三十五条 侦查机关根据侦查工作需要从事鉴定的鉴定人，由侦查机关根据《全国人民代表大会常务委员会关于司法鉴定管理问题的决定》规定的条件进行资格审核，审核合格的送交司法行政部门统一编入鉴定人名册并公告。

第三十六条 本办法所称办案机关，是指办理诉讼案件的监察机关和侦查机关、审查起诉机关和审判机关。

第三十七条 本办法自公布之日起施行。2005 年 9 月 29 日公布的《司法鉴定人管理办法》（司法部令第 96 号）同时废止。

司法部

关于《司法鉴定机构登记管理办法（修订征求意见稿）》和《司法鉴定人登记管理办法（修订征求意见稿）》起草说明

为贯彻落实中办、国办印发的《关于健全统一司法鉴定管理体制的实施意见》《关于加快推进公共法律服务体系建设的意见》，有效消除司法鉴定登记管理工作中的制度障碍，切实解决司法鉴定实践中遇到的困难和存在的问题，切实发挥司法鉴定制度的功能作用，更好地保障诉讼活动顺利进行和维护人民群众合法权益，司法部组织对《司法鉴定机构登记管理办法》（司法部令第95号）和《司法鉴定人登记管理办法》（司法部令第96号）进行了修订，形成了《司法鉴定机构登记管理办法（修订征求意见稿）》（以下简称《机构登记办法》）《司法鉴定人登记管理办法（修订征求意见稿）》（以下简称《鉴定人登记办法》）。

《机构登记办法》和《鉴定人登记办法》在体例结构上未作调整，《机构登记办法》仍为9章45条，与现行办法条款数量相同，其中新增2条、删除2条、未修订6条。《鉴定人登记办法》仍为7章，共37条，比现行办法多2条，其中新增2条、没有删除，未修订5条。主要修订内容如下：

一、贯彻落实改革意见。一是将立法目的由“建立统一司法鉴定管理体制”改为“健全统一司法鉴定管理体制”，明确当前司法鉴定改革的重点是健全统一的司法鉴定管理体制（《机构登记办法》第一条和《鉴定人登记办法》第一条）。二是将侦查机关的鉴定机构和鉴定人，经审核合格后，交由司法行政部门统一编入名册并公告写入两个办法（《机构登记办法》第四十三条和《鉴定人登记办法》第三十五条）。三是新增鉴定机构资质管理、建立鉴定质量管理和诚信评价制度（《机构登记办法》第九条、第三十五条和《鉴定人登记办法》第八条、第九条、第二十七条）。四是新增制定统一的鉴定技术标准、规范和方法并指导实施（《机构登记办法》第九条和《鉴定人登记办法》第六条）。五是新增鉴定机构准入专家评审制度和鉴定人能力考核制度（《机构登记办法》第二十条和《鉴定人登记办法》第十六条）。六是新增严肃追究鉴定人和鉴定机构作虚假鉴定的法律责任（《机构登记办法》第三十八条和《鉴定人登记办法》第七条）。七是删除不符合《实施意见》的司法行政机关可采取招标方式审核登记司法鉴定机构的条款。八是按照《公法服意见》落实有关对公益属性的要求，新增鉴定人接受指派承办司法鉴定法律援助案件（《鉴定人登记办法》第二十二条），新增鉴定人作为有专门知识的人参与诉讼时，应当遵守法律和管理制度，坚持科学性、公益性、公正性原则（《鉴定人登记办法》第二十二条）。

二、进一步优化管理权限和管理事项。一是赋予设区的市或直辖市的区（县）司法行政机关对司法鉴定的监督、管理、投诉处理和违规处罚职责

（《机构登记办法》第十条、第十一条、第三十七条和《鉴定人登记办法》第九条、第十条、第二十九条）。二是赋予机构和鉴定人所在地县级以上司法行政机关责令停止未经登记从事司法鉴定的行为的职责（《机构登记办法》第三十六条和《鉴定人登记办法》第二十八条）。三是删除变更登记事项向原登记机关申请的规定（《机构登记办法》第二十三条等和《鉴定人登记办法》第十八条等）。四是将跨省设立的分支机构，应当报经司法鉴定机构所在行政区域的省级司法行政机关同意改为“备案”避免了重复审批（《机构登记办法》第十七条）。五是延续登记时，如原登记事项无变化，可提交简化材料（《机构登记办法》第二十五条和《鉴定人登记办法》第十九条等）。

三、进一步严格准入条件完善退出机制。一是提高准入门槛，如将准入资金从二十万提高到一百万（《机构登记办法》第十四条）。二是新增限定每名鉴定人的执业类别一般不超过二项，防止一人多项执业的不规范现象（《鉴定人登记办法》第十六条）。三是新增司法行政机关应当对申请人的执业能力进行考核（《鉴定人登记办法》第十六条）。四是新增申请登记时，提交的行业资格或者资质证明应当与司法鉴定相关（《机构登记办法》第十五条和《鉴定人登记办法》第十二条）。五是新增注销情形，如擅自停业、歇业一年以上的；有效期限届满未能通过延续审核的；设立鉴定机构的法人或者非法人组织依法终止的；行政许可依法被撤销、撤回的（《机构登记办法》第二十六条和《鉴定人登记办法》第二十条等）。

四、进一步完善细化处罚情形和方式。一是新增对擅自变相设点、违反司法鉴定程序的处罚（《机构登记办法》第三十七条和《鉴定人登记办法》第二十九条）。二是新增因严重不负责任，造成鉴定材料损毁、遗失的处罚（《机构登记办法》第三十八条和《鉴定人登记办法》第三十条）。三是新增对鉴定人违规参与诉讼活动的；违规使用执业证的；无正当理由不参加培训的；收受当事人财物等的处罚（《鉴定人登记办法》第三十条）。四是新增有违法所得的，没收违法所得的条款（《机构登记办法》第三十六条、第三十七条、三十八条和《鉴定人登记办法》第二十八条、第二十九条）。五是新增鉴定人停业处罚或者正在投诉处理期间，不得变更执业机构（《鉴定人登记办法》第十八条）。六是新增对多次违反规定的鉴定机构和鉴定人给予从重处罚（《机构登记办法》第三十九条和《鉴定人登记办法》第三十一条）。

五、进一步完善与相关法律规范的衔接。一是将“法人和其他组织”修改为“法人和非法人组织”，与《民法总则》一致，为非法人组织从事司法鉴定提供了法律依据，进一步明确了可从事司法鉴定业务的主体（《机构登记办法》第三条等和《鉴定人登记办法》第二十五条）。二是明确从事司法鉴定的人应当是中华人民共和国公民（《鉴定人登记办法》第十二条）。三是将司法鉴定的委托主体是“司法机关”改为“办案机关”，包括监察、侦查、起诉、审判机关，与《监察法》《司法鉴定程序通则》等一致（《机构登记办法》第一条、第四十四条和《鉴定人登记办法》第一条、第三十六条）。四是新增对举报和投诉的调查方式和委托行业协会协助调查等内容，与《司法鉴定执业活动投诉处理办法》一致（《机构登记办法》第三十一条和《鉴定人登记办法》第二十六条）。

六、明确规定推进信息技术应用。一是删除省级名册在本区域内每年公告一次和司法部名册在全国每五年公告一次的规定，改为电子名册实时公告和更新，而且五年时间太长，不能满足人民群众的实时需要（《机构登记办法》第二十八条）。二是新增司法行政机关应当建立、完善和利用司法鉴定管理信息系统，监管和核查鉴定机构从事司法鉴定业务的情况（《机构登记办法》第三十三条）。

此外，“两个办法”还对部分文字进行了修改和调整。

《最新法律文件解读》丛书

稿　约

《最新法律文件解读》是一套以为最新法律规范提供同步“解读”为主的系列丛书，分为刑事、民事、商事、行政与执行4个分册，按月出版。

本丛书以“解读”为重点，突出全、专、新、快、准等特点，通过对最新出台的法律、法规、司法解释、部门规章以及重要地方性法规进行同步动态解读，弥补了法律、法规、司法解释汇编类出版物没有同步阐释、解读内容的不足，为广大读者学习理解最新法律规范，正确贯彻执行法律文件，及时解决实践中的新情况、新问题，提供一个全方位、多层面的法律信息平台。

欢迎您向以下栏目赐稿：

【最新法律文件解读】主要是对最新颁行的法律文件进行解读，帮助司法和执法人员正确理解法律文件的立法背景、意义、重点内容、在适用中应注意的问题、与相关法律文件的衔接与互动关系等等。

【司法实务问题研究】主要刊登对司法理论、实务及司法管理工作中的热点、疑难问题进行研究及评论的文章。

【新类型疑难案例选评】主要是对司法和行政执法实践中具有典型性和代表性的疑难案例，结合具体案情以及审理或处理结果进行简练精辟的点评，解析认识问题的方法、处理问题的法律依据和在个案中的具体适用。

【法学前沿与新视点】以摘要的形式刊登相关法学理论研究的最新动态及具有代表性和典型性的前沿问题，扩展法学研究的深度和广度。

【法律适用问题解答】主要针对司法和行政执法实践中面临的新问题、热点问题、疑难问题进行简要的解答，指出涉及的法律关系，明确法律适用依据。

稿件一经刊用，即付稿酬，稿酬从优。

《刑事法律文件解读》　姜　峤　邮箱：bj85250573@126.com

《民事法律文件解读》　丁丽娜　邮箱：dlnlaw@163.com

《商事法律文件解读》　路建华　邮箱：shangshijiedu@126.com

《行政与执行法律文件解读》　张　奎　邮箱：271717306@qq.com

人民法院出版社

《最新法律文件解读》丛书编辑部